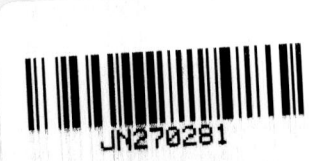

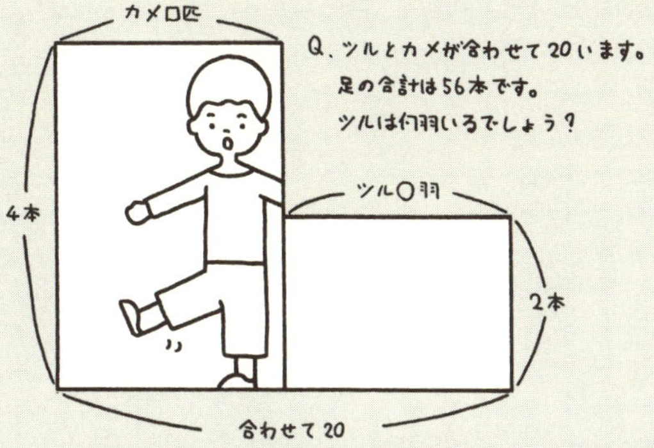

中学受験は算数で決まる！

西村則康

青春出版社

はじめに

私は長年、難関中学や有名中学を目指している子の家庭教師をしたり、「塾ソムリエ」として多くの親御さんに中学受験や塾に関するアドバイスをしたりしてきました。

親御さんからのご相談で最も多いのが、「算数の文章題が苦手で、どう対策すればいいでしょう？」「計算ミスが多くて、なかなか成績が伸びません」「がんばって教えてきたのに、『算数ぎらい』になってしまいました……」などの算数に関するものです。

中学受験の合否は、算数にかかっているといってもけっして大げさではありません。それにはいくつかの理由があります。まずひとつ目は、算数の試験は問題数が少ないということ。小問がだいたい20問くらいしかないので、100点満点であれば１問あたり５点。ところが、国語などは小問題の数がずっと多く、30問だとすると１問あたりの配点は３点です。算数は国語より問題数が少ない分、１問間違えた場合のインパクトが大きくなってしまうのです。

次に、「学校の算数のテストは毎回100点」というレベルの子でも、塾に行っていなければ中堅以下の中学入試問題でも２、

３割しか解けません。国語は日常使う言語の問題ですから、日常生活の積み重ねや学校の授業が入試でも基礎点になります。ところが算数では学校の授業で見たこともないような問題が出題されるため、「受験用」の勉強が必要になります。そのため、算数では非常に大きな差がつきやすいのです。

実際、受験者の点数を見ると、そのばらつき具合が一番大きい科目は算数です。つまり、算数で高得点がとれれば、合格可能性が非常に高くなるのです。おおまかに言うと、国語、社会、理科は平均点あたりにかたまり、算数は平均点のずっと上とずっと下にふたつの集団ができていることが多いのです。

算数の攻略は、中学受験において非常に大切だということがおわかりいただけたでしょうか。

算数が得意だと思わせたら受験はほぼ成功

「中学受験の算数」は、小学校の勉強とはまったく違います。先ほど「学校のテストが毎回100点でも入試問題はほとんど解けない」と書きましたが、実はよくよく算数の教科書を読み込むと、難しい問題にも対応させたい、その基礎となる考え方をよく理解してほしいという「意図」は読み取れます。

ただし、残念ながら学校で実際に習う問題にそれほど難しいものはなく、問題数も決定的に少ないというのが実情。宿題もまた同様です。

結局のところ、中学受験をするには受験対策塾の利用が必要不可欠なのですが、それでも塾に行くのは４年生以降で十分。３年生まではしっかり学校で学び、親がそれをフォローしてあげることが「土台」です。これがないと、塾に行ってから非常に苦労することになります。

私は中学受験を目指す５年生、６年生を多く教えていますが、「これを４年生までにやっておいてくれたら」「なぜ、４年生までにここに気づかなかったかな」と思うことがよくあります。

なんとか高学年で修正して成績を上げることも可能ですが、受験の後半でそうしたことに力を注ぐのは親にも子供にも大変な負担になります。だからこそ、受験を目指すなら小学１～３年生の算数、それも教科書の算数をけっしてないがしろにせず、しっかり楽しみ、かつ深く納得してほしいのです。

けっして、そこで「先取り学習」などをさせないようにしましょう。２年生に４年生の問題をやらせると、たしかにできる子はいます。でも、そこでがんばらせることに意味はありません。受験をすると決めたのなら４年生から塾に行けばすむ話です。先に学習することでアドバンテージを得ようとするより、基礎をガッチリ強くして、「わかる楽しさ」をきちんと知っている方が、はるかに中学受験を成功させる力になります。

「算数は面白い！」「わかれば一層楽しい！」という快感を知ったとたんに、頭の使い方が変わってきます。子供が「自分は算数が得意だ」と思えたら、受験はほぼ成功といっても過言ではありません。

文系のお母さんも一緒に学ぶ気持ちで

小学校低学年から中学年にかけての算数の学習の土台は、中学受験はもちろん、受験しない場合でも中学からの数学を学び、高校受験に向かう場合に驚くほど強固な力となります。「『つるかめ算』なんて、社会に出てから役に立つわけがない」と思うかもしれませんが、算数の問題に取り組むことで身につく論理思考、問題解決思考、そして集中力や、試行錯誤、創意工夫の力は、何より社会人になったとき本当に必要な力です。

子供が算数を楽しんでできるようにするために、まず親がしなければならないのは、お母さん自身が算数に対する苦手意識をもたないようにすること。ここはとても大事なポイントです。

もちろん、お母さんが中学受験の受験問題を全部解けるようになる必要などまったくありません。子供と一緒に、算数をもう一度勉強して楽しんでみよう、という気持ちになっていただくだけでいいのです。お母さんにも、「なるほど‼わかった！」という気持ちを味わってほしいのです。受験対策の塾に行き始める前なら、一緒に教科書を見ながら、お母さん自身の知識もアップデートしてみてください。「へえ、最近はこうやって教えるのね」「これは大人でもよくわからないわ」「先生はどうやって教えてくれた？」といった会話の中で、子供の理解度や「つまずき」の芽のようなものがわかります。

何より、お母さん自身が子供と一緒に算数を楽しんでみてください。１～３年生の教科書なら、お母さんが本気で好奇心と興味をもって読めば「ちんぷんかんぷん」ということはありません。例題を解くというより、何がどう説明されているのかを知ってほしいのです。

昔の教科書とはだいぶ違うので、「何を説明しようとしているのかわからない」というところが出てくるかもしれませんが、そこは、お子さんに説明してもらうのが理想です。

ぜひお父さんも一緒に、算数の教科書を読んでみてください。

分数のわり算を教えられますか？

ではまず、お母さんとお父さんに課題をひとつ出してみましょう。お子さんから、「$\frac{1}{3} \div \frac{2}{5}$」の計算はどうして「$\frac{1}{3} \times \frac{5}{2}$」と同じになるのかと聞かれたら、どう答えますか？

「分数のわり算は、割る数の分母と分子を入れ替えたかけ算にするのが決まりだから」というのはバツ。「なぜそうなるのか」をお子さんに説明できる方法を考えてみてください。

「九九の８×４はなぜ32なの？」と聞かれたとしても、「８を４つ集めると32になるよ」「８を４回たし算するのと同じだよ」などと、大人ならほとんどの人が説明できるはずです。それでわからなければ、おはじきを並べて「ほら、８個のグループをつくって、ふたつ集めたら全部で16個。それが８×２の意味だよ。８＋８と同じこと。今度は８個のグループを３つつくって……」と説明できる。

　でも、分数のわり算を同じように説明できますか？（解答例は次ページにあります）

　実は、これには何通りもの説明の方法があります。お母さんがわからなくてもかまいませんし、お子さん自身が説明できなくても、別に大変な問題ではないのです。

　でも、こうしたことに「なぜ？」と疑問をもち「自分で考えてみよう」としたり、質問して「理解しよう」としたりすることが算数の醍醐味のひとつでもあるのです。

分数のわり算をどう教えるか

・$\frac{2}{3}=2\div 3$だとわかっている子には、

$$\frac{1}{3}\div\frac{2}{5}=\frac{\frac{1}{3}}{\frac{2}{5}}=\frac{\frac{1}{3}\times\frac{5}{2}}{\frac{2}{5}\times\frac{5}{2}}=\frac{\frac{1}{3}\times\frac{5}{2}}{1}=\frac{1}{3}\times\frac{5}{2}$$

分数は、分母と分子に同じ数をかけてもいいよね！　両方に$\frac{5}{2}$をかけてみよう

ほら、$\div\frac{2}{5}$が$\times\frac{5}{2}$になったね

・もっと根本的に

たとえば$1.2\div 0.3$は両方を10倍（10倍のスケールにして考える）にして、$12\div 3$とすることができます。

$\frac{1}{3}\div\frac{2}{5}$の割られる数と割る数の両方を5倍にすると

$$\left(\frac{1}{3}\times 5\right)\div\left(\frac{2}{5}\times 5\right)=\frac{1}{3}\times 5\div 2=\frac{1}{3}\times(5\div 2)=\frac{1}{3}\times\frac{5}{2}$$

また、面積が得意ならば、以下の説明も有効です。

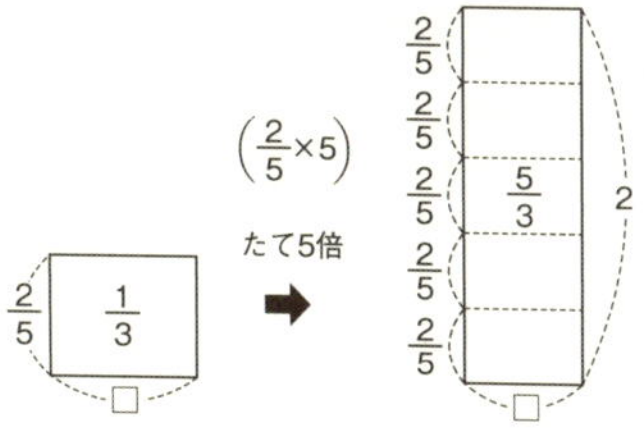

（たてを5倍にすると面積も5倍だね）

$$\frac{5}{3}\div 2=\frac{1}{3}\times 5\div 2=\frac{1}{3}\times(5\div 2)$$
$$=\frac{1}{3}\times\frac{5}{2}$$

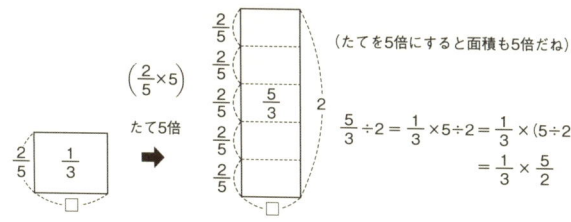

社会に出てから必要な「算数脳」

数学に慣れてしまった大人の頭にとって、算数は非常に独特なもので、かえって面倒だと感じるかもしれません。数学では公式などの洗練されたツールを駆使して美しい数式をつくって解きますが、算数は非常に限られた道具を使い創意工夫で解くものです。そこが、実は非常に面白いところでもあります。

社会に出てから役に立つのも「数学脳」より実は「算数脳」。数学は論理思考を身につけるために学ぶものだといわれますが、むしろ算数のほうが数学以上に論理的で、問題解決のための力、さらにクリエイティブな力を育みます。

小学校の算数の問題は、小学校低学年向けでも手こずるものが多く、難関中学の入試問題ともなればほとんどの大人が解けないような問題ばかり。逆にいえば、挑戦しがいがあり、解けたときの気持ちよさは何ものにも代えがたいほどです。

巻末には、親子で楽しめる算数パズルも掲載しました。苦手意識をなくして、ゲームやパズルに挑むのと同じ感覚で、ご家族で楽しむところから始めてください。

西村則康

中学受験は算数で決まる! —— もくじ

2章
算数を得点源にできる子は“この方法”を知っている

3章

受験直前!
最後に笑うための
算数実戦対策

4章

子供は算数の“ここ”で必ずつまずく

5章

まだ遅くない!
ミスを減らす
基礎固めの方法

装丁 小口翔平・三森健太(tobufune)
カバーイラスト 加納徳博
構成 小幡恵
制作協力 加藤彩
本文DPT センターメディア

1
章

算数の成績がグンとアップする塾の使い方

進学塾に通う前に必ずすべきこと

中学受験を考えている場合でも、小学校低学年から進学塾に通わせる必要はありません。小学３年生までの塾はおもに優秀な子の「囲い込み」を大きな目的として講座を用意しており、内容も中学受験に直結するものは意外に少ないのです。

それでも、計算力だけはある程度つけておきましょう。「３桁÷２桁」のわり算、つまり「624÷14」といった計算は教科書でいうと４年生で出てくるのですが、その前の段階である「２桁÷１桁」、つまり「12÷３」とか「42÷６」というわり算しかやったことがない状態で進学塾に入ると、かなり苦労することになります。

ただ、それ以外の「先取り学習」はあまり効果がありません。英才教育型のフラッシュカードなどを使うタイプのもの、速読などもほとんどいいことはありませんし、私の経験では、むしろマイナス面のほうが目立つように感じます。

受験を考えるのであればやはり４年生から塾に通うのが一番いいのですが、１～３年生の内容は子供が自分で親に説明できるくらいまで理解していることが前提です。それと並行して、家庭学習に準拠問題集などを加えて基礎をしっかり固めておき、計算だけは塾に通う前に「教科書の４年」を勉強しておくことをおすすめします。

ほとんどの進学塾は国語と算数の「入塾テスト」「入室テスト」を行い、その結果で成績順のクラスに分けます。そのとき大きなポイントは、「最初からできるだけ上位のクラスに入ってしまう」ということ。塾は「だんだんクラスを上げていけば大丈夫ですよ」と必ずいいますが、クラスを上げることは、それほどたやすくありません。

とにかく入塾段階から上のクラスに入ってしまうべきです。４年生の授業は、小学校は４月から始まりますが塾は２月から。入塾試験の２カ月ほど前から、受験研究社の『自由自在　小学３・４年算数』などで準備しておきましょう。こちらは教科書準拠問題集より計算問題の数も多く、桁数も多く、正確さと同時にスピードが求められます。

学校の宿題や教科書の準拠問題集、計算問題を毎日20～30分程度、決まった時間に学習する習慣も入塾前に身につけさせておきましょう。

通信講座をやっている子供も多いと思いますが、添削問題を期限通りに終わらせるのは、小学生にとって大変難しいもの。付録を楽しそうに読んでいたら良しとするくらいの気持ちも必要です。

塾の説明は学校の1.5倍の速さ

塾に通い始めた当初はどんな子供でも戸惑うし、不安にもなります。まず、教えられる量もスピードもまったく違います。塾の先生が話すスピードは、小学校の先生の1.5倍くらいです。小学校の先生はかんで含めるようにゆっくりしゃべってくれますが、塾の先生は日常会話のスピード、またはNHKのアナウンサーがしゃべる程度のスピードだと考えてください。

このスピードについていけない子もいます。その多くは家庭における会話のスピードが関係しているので、入塾前の数カ月は子供扱いのゆっくりペースから、大人同士の会話スピードにしておきましょう。

また、幼児期〜小学校低学年から、子供と話をするとき、お母さんはなるべく「主語」や「述語」をきちんと使い、単語を並べただけの会話でなく、助詞をつけて会話するようにしていただくことです。「ほら宿題」「早くお風呂」「終わったら片づけ！」のような会話ばかりになっていないでしょうか？　毎回ではなくても、きちんとした日本語の文章を使うように心がけてください。

大人が話す長い説明を理解することに慣れさせたいのであれば、テレビのニュースを一緒に聞いて、あとで少しだけ話をするというのもいいでしょう。また、落語などを聞くのもいい経験だと思います。

会話のスピードが速くなるとついていけなくなる場合は、子供向けの科学読み物などの説明文的な文章を、少し速めのスピードで読み聞かせてあげるのもいいでしょう。理解できない場合はスピードを落とすのではなく、同じスピードのままで何度か繰り返して聞かせるようにすると耳が慣れてきます。

塾の板書はどんどん消されていく

また塾は、板書を全員が書き写すまで待ってくれる先生ばかりではありません。基本的には、どんどん次に進んでしまいます。「はい、全員書き終わりましたか？」というていねいな小学校の授業に慣れていると、ビックリするでしょう。

優秀な塾の先生の中には、横長の黒板をたてに三分割して、縦長になるように板書してくれる先生もいます。つまり、生徒は板書をノートにそのまま写していけばきれいなノートができあがるわけです。それでも、話を聞きながらどんどん書いていかなければなりません。

塾では、聞くことに一生懸命すぎると、「さあノートに書こう」と思ったとたんに板書を消されてしまう、ということもあります。話を聞きながらメモをとる、板書を写しながら聞く、ということにまだ慣れていないのだから当然です。塾も４年生の最初のうちはある程度ゆっくり進めてくれるはずですが、それも１カ月ぐらいでしょう。

「ノートのとり方」は小学校の授業では教えてくれないので、塾で学ぶしかありません。

日能研、四谷大塚、早稲田アカデミーの場合、テキストとは別にノートを使います。最初の授業で教えられるのですが、授業にはノートに「日付」「その日のテキスト名」「ページ数」「問題番号」を書いておく習慣をつけて臨みます。SAPIXは、ノートではなくすべて与えられたテキストに書き込んでいくようになっています。

塾の算数の授業は、たいていまず先生が説明したあと「自分でやってごらん」という形で子供たちが自力で問題を解いていきます。数分たつと「じゃあ説明するよ」と先生が解法を解説し始め、それを子供たちはノートやテキストの余白に書いていくことになります。

SAPIXに通う、ある算数が苦手な子のテキストを見ると、自分で解いた部分はあちこち適当に消したり書いたりしてあって、先生の解説してくれた部分も「なんとなく大事そうな気がしたところ」「時間内に書けたところ」だけが書いてあります。

式と答えだけは書いてあっても、「ここでどんな説明をしてくれた？」と聞いてもまったく思い出せない、ということがしばしばあります。

「自力で最初に解いた部分」と、「先生の説明、板書を写したもの」をきちんと区別して書いておくことがとても重要です。

ノートが途中でも先生の話を聞く

もうひとつ、塾の授業の受け方で知っておいてほしいのは、先生が話しているときには書くのをやめて、先生のほうを見るということです。

「さあ、解いてごらん」と言われて始めても、解き切れないことはしょっちゅうです。「はい、おしまい。説明を始めるよ～」と先生が言っても、あと少しで解けそうだと先生の話を聞かず、結局聞き逃す子供がとても多い。時間内に解けなかったのだから、割り切って先生の説明を絶対に聞き逃さないようにすることが大事です。

最後まで自分で解くことにこだわる必要はありません。自宅で宿題をやるときに、きちんと先生の説明通りに解けて、お母さんに「こうやって解くんだよ」と説明できれば、それでまったく問題はないのです。

塾に通っている以上、一番大事なのは先生の説明を理解することです。塾で聞いていたにもかかわらず理解できなかったことを、自宅に戻って自力で理解することはまず不可能。また、親が説明しようとしても、教えるプロである塾の先生以上に上手に説明することはできません。

塾の算数はすごいスピードで進む

SAPIXの５年生を例にとると、算数のテキストは２種類あります。ひとつは「デイリーサポート」と呼ばれるB4判のもの。これは表の面にだいたい４問、裏にも４問ありますが、裏と表はまったく同じ問題です。それがAランクからEランクまで５枚入っています。１枚あたり４問でそれが５枚ですから、合計20問が一週分になります。表を使って授業を進めて、裏は家で解き直しをするために使います。表の式をそのまま裏に丸写ししたりする子もいますが、きちんとゼロベースで解き直す、つまり復習をするというのが本来の使い方です。

もうひとつのテキストは「デイリー SAPIX」というB5判の問題集。これは、デイリーサポートに出てきた問題が数値を変えて載っています。１回の授業で20問全部やるとすると、２分で解いて２分で解説というペースになります。

毎回このペースとは限りませんし、下のクラスは「デイリーサポート」の前半にあるA・B・Cランクだけで終わることもあります。ただ、難関校を狙う上位クラスだと、A・Bランクを飛ばしてC・D・Eランクに重点を置いて授業が進んでいくこともあります。

問題は「マンスリーテスト」です。このテストは全クラス、同じものを受けます。授業では基本問題しかやっていないクラスも、最上位のクラスも同じ問題に取り組むことになるので、非常に大きな差がついてしまいます。下位のクラスの生徒にとっては習ったこともない問題も出題されることになるので、当然できるはずがない。最初に入ったクラスを上げるのが簡単ではないというのは、こういう理由があるからです。

このマンスリーテストの算数と国語は各150点満点ですが、まず満点はとれないようにつくられていて、かなり上位の子供でも120点くらいしかとれません。小学校の算数のテストで毎回ほぼ100点、悪くても95点はとっているという子でも、いきなりSAPIXのマンスリーテストを受けるとせいぜい半分程度しかとれないでしょう。

5年生で伸びが止まる子、伸び続ける子の違い

こうした中で算数の受験勉強は進んでいくわけですが、クラスによる差は算数で最も大きくなります。国語、理科、社会において、下位のクラスでは教えない問題というのはあまりありません。しかし、算数は授業の内容が大きく異なるといっても差し支えないくらいです。

SAPIXは大規模校だと成績順に上から20クラス以上あります。下位のクラスでどうしても成績が伸びない子は、「たまたまこの単元が苦手」とか「ちょっとサボった」ということではなく、それ以前の学習履歴に何かしら大事なものが欠けている場合が多いです。たとえば計算練習が決定的に欠けているとか、身体感覚で理解しておくべき十進法がはっきりわかっていない、といったことです。

このような場合、特定の苦手な単元だけを徹底的にやればできるかというと、やはり伸びないことがほとんど。パターン問題をたくさん解けば4年生くらいまではそこそこ点がとれますが、その後が難しくなってきます。計算練習を中心とした基礎学習を積み重ねながら、毎週のカリキュラムの学習を進めていく必要があります。また一方で、4年生後半で150点満点中100点くらいとれている子が、5年生になってガクンと成績が

下がる場合があります。これは、たいてい暗記頼みのパターン練習で算数をこなしてきた弊害が出ているのです。

前述した通り、1～3年の算数を学ぶ段階で「なるほど」と深い納得感を得ながら勉強を楽しみ、積み重ねてきたかどうか。この点にかかっています。

簡単な例でいえば、「12÷□＝8」がわからない子がいたとします。でも「じゃあ『6÷□＝2』ならわかる？」と聞くと、「3」とわかる。なぜ3になったの聞くと「6÷2だから」と答えます。次に、「12÷□＝72はどうすればいいと思う？」と聞くと、「あ、72÷12だから6だ」というように間違った答えを出してきます。これが「パターン学習」の典型で、「大きい数を小さい数で割る」としか覚えていない場合が多いのです。

これを続けていくと、5年生以降でつまずいてしまいます。本当は、パターンを覚えるのではなく6の長さの線分図を引いて、「6の大きさを□ずつに分けていくと、2つできた」とか、「6の大きさを□こに分けたら、1つ分が2になった」というように納得しながら学ぶべきです。

たしかに計算問題は慣れですから、少しずつ毎日練習することで正確に、速くこなせるようにはなります。計算は文章題を解くための道具ですから、道具の使い方に慣れるために繰り返す必要があります。ところが文章題の場合、繰り返し学習は非効率です。納得感を大切にした頭の使い方を学ぶと大量の演習問題をこなす必要はなくなります。大量演習の繰り返し学習で小学４年生を乗り切ったとしても、５年生になるとこなしきれなくなってきます。理解し、納得することを重視した学習法を身につけさせてください。

スケジュールをどう立てるかが大事

中学受験全般にいえることですが、親、特にお母さんは心配のあまり神経質にならないようにしましょう。

塾から帰ってくるなり「今日はどうだった？」「何をやったの？」「わかったの？」「宿題は？」「予習は？」などと、責め立てるようにしないであげてください。

子供の勉強スケジュールは、お母さんと子供が一緒に立てるものです。スケジュールを立てるにあたっては、まず最初の一週間はその日にやることを毎日書き出し、２時間以内で終わるところまできちんとしたペースでやらせます。終わらなかった分は「積み残し」として、翌日あるいは土日などの余裕がありそうな日まで持ち越します。

そうして一週間過ごしてみると、親も子供も「一週間でどのくらいの分量ができるのか」がわかります。それを基準にして翌週からのスケジュールを立ててください。それが「一週間の勉強スケジュール」の基準になります。やらなくてはならないことを、とにかく終わるまでやらせるという方法だと、あっという間にパンクしてしまいます。

「塾がある日の学習は短くする」「土曜日は平日のやり残しと苦手科目の復習にあてる」「日曜日は学習予定を入れない」といった決まりごとができるとスケジュールを立てるのは楽になってきます。

　計算練習や漢字練習は、できれば「朝学習」にしてください。両方合わせて15分ほどで十分なので、朝食の前などの習慣にしてしまうと、非常に効率よく身につきます。

　終わらなかった、できなかったという場合は、勉強時間をやたら伸ばしたり睡眠時間を削ったりせず、終わらない理由をよく見直してみましょう。課題が多すぎるなら減らす必要がありますし、課題が難しすぎるのであれば塾と相談するなどの対策も必要です。子供にとって、「ちょっとがんばれば何とかなる」と思える質と量であることが大切です。そして、やりきったときの爽快感を想像できることが理想です。

「いくら言っても勉強を始めない」「すぐに遊んでしまう」という場合は、４年生以前の習慣の問題なのか、塾の勉強に不安が強いのかなどを見極めたうえでの対策が必要です。親が先走りしすぎて「あれをやりなさい、これもやりなさい」「勉強をしなさい」と言い続けていると、言われること自体に強い反発や嫌悪をしてしまっている、ということもあります。

また、小学校低学年から受験の先取り学習をさせる塾にずっと通っていたような子の場合、すでに勉強がイヤで仕方なくなってしまっていることがあるのです。

こうした場合の対策は非常に難しいのですが、いったん勉強の量をうんと減らしたり、基礎レベルに戻ったりする「リセット」が必要になることが多いです。塾を一時中断し、家庭教師の手を借りて相談しながら再始動するといった形で成功した例も多くあります。

「復習」と「テスト直し」を最優先させる

塾に行き始めてからの家庭学習で何より大切なのが、「授業の復習」と「テスト直し」です。どうしても宿題を優先したくなると思いますが、宿題は何がなんでも最後まで終わらせなくていい場合もあります。もちろん宿題も復習の一環なのですが、「授業でやった問題」を復習することが先です。それをしないうちに宿題をやらせないでください。

復習というのは、答えを出すことが目的ではありません。先生が授業で言ったことを思い出し、子供が解き方を頭の中で再構築することが目的です。復習の効果的な手助けは、子供が先生役になってお母さんに教えるという方法です。算数の復習のときはぜひこれをやってみてください。

計算力不足なら低学年からやり直しを

小学校４年生の算数でつまずく理由は、まず計算力の不足、十進法の概念があいまい、九九をしっかり覚えきれていない、といったことです。さらにスピードの速い塾の授業を聞く力、ノートをきちんととる力の不足ということもあります。

４年生の段階で算数の成績がぜんぜん伸びないときは、この中のどれが原因なのかをしっかり考えて、立て直してあげる必要があります。「難しい問題をたくさんやればいい」「計算をたくさんやらせよう」ではなく、落ち着いてテキストをさかのぼってつまずきの原因を見つけ、そこからやり直しましょう。

４年生になっても「８＋３」を、指折り「９、10、11……」と数えているようだったら、「８はあといくつで10になる？」「そう、あと２で10だよね。だったら、10にいくつをたせばいい？」「たし算はそうやって考えるんだよ」というところまで戻る必要があります。
「まさか」と思うかもしれせんが、意外に九九もちゃんと覚えていない子供がたくさんいます。「8×7は何だっけ？」「えーと、7×8＝56と同じだから、56だ」なんていう子はめずらしくありません。このレベルだと、桁数の多いわり算で「概数」で商を考えるとき、非常に手間がかかって間違いも増えます。かけ算よりわり算を極端にイヤがる場合は、「九九」が不完全であると考えていいでしょう。その場合は、九九を最初からではなく、逆順で言う練習をしばらく毎日続けるとか、百ます計算を毎日やるということでもかまいません。できるだけ早い時期に立て直してしまいましょう。

中学受験は家族全員で支えてあげるもの

中学受験をする場合、その良し悪しはともかく、現実的には塾に通って学習することが前提になります。大手の集団指導塾、個別指導塾、家庭教師など、それぞれ差はありますが小学校の授業と宿題だけでは中学受験の関門を突破することは不可能です。
理想的なスタート時期は4年生から（授業は3年生の2月から）で、算数、国語、理科、社会の4科目をとることです。塾によって差はありますが、少ないところで週に平日２日、多くて３日。週２日の場合は、たとえば月曜日に算数と理科、水曜日に国語と社会。週３日の場合なら月曜に算数・理科、火曜に社会・国語、金曜に算数・国語というようなスケジュールになります。学年やクラスによって土曜、日曜、連休、長期休暇には別の講座が組み込まれ、ほとんどの大手塾では月に１回試験があり、それによって翌月のクラス編成が変動します。

中学受験に向けて勉強を続けていく日々は、親にとっても子供にとってもけっして楽なものではありません。塾に行き始めるようになってからお母さん、お父さんがすべきなのは、勉強の指導ではありません。生活面、健康面のフォローはもちろん、精神面を支え、受験日までにすべきことを全教科にわたり逆算しながらプランニングしてサポートしていくことです。

山ほど出る宿題、学校の宿題や行事との兼ね合い、家族のスケジュールとどうすり合わせるか、間に合わないときに塾の宿題と復習のどちらを優先するか、毎月のテスト対策は何をさせればいいのか、クラスが下がったらどうするのか、テスト直しはどうやって行えばいいのか――。

いくらしっかりした子供でも、こんな大人のビジネスマンでも手こずるようなことを全部自分でできるはずがありません。

ここでお母さんとお父さん、特にお母さんの力が必要になります。お母さんは、「勉強そのもの」「解き方」を教える必要はまったくありませんが、子供が今何をしているのかを見てあげましょう。今日塾でやった算数の「比例」を復習しているのか、「月曜日の国語のテスト直し」をしようとしているのか、それとも「学校の宿題」を片づけようとしているのか。

スケジュールをきちんと把握して、子供が「できる限界の分量」を知り、そのうえで「月曜は塾から帰ってきたら、まず学校の宿題をして、そのあと塾の算数の復習、次に宿題」と決めてあげる必要があります。もしテストのあとなら、「テスト直しを優先して、宿題に積み残しが出たら土曜日の午前中に回そう」といったことを考えます。何もかも子供まかせで、「やるべきことを全部やってから寝なさい」では無理です。

もとより、塾が出す課題を全部こなせる子供は多くありません。誰かが優先順位をつけて、その時の能力や体力に合わせた分量を勉強するしかないのです。それができるのはやはりお母さん。「全部やらせよう」とするのではなく、何を先にやるべきか、できなかったらそれをどうするのか、というプランをつくって無理なく進めていくことが最大のサポートです。

小学校4年だったら、連続して勉強するのは2時間が限度。途中で休憩を入れても、合計で3時間を超えるような勉強をさせると、子供はもう何も考えられなくなります。力量のあるプロの家庭教師でも、４年生の集中力をとぎれさせず２時間もたせるのはかなり難しいでしょう。私たちも、４年生を教えるときには「まず１時間半からはじめましょう」と提案します。

お父さんはお母さんのサポートを

毎日のせいいっぱいの学習は、塾に行くようになってから入試までずっと続きます。お母さんにとっても大変な作業で、精神的にも心配ごとや苛立ちが多くなるでしょう。中学受験をする子供を持つすべてのお母さんが、大なり小なりそうなることは十分に覚悟しておく必要があります。中学受験は「塾まかせ」ではけっしてうまくいきません。本当に優秀な数％の子供は、ほとんど親のサポートもなしに塾に通っただけで超難関校の合格を勝ち取ることもありますが、これは例外中の例外。99%の成功例は、家族みんなの応援と、やはり一番はお母さんの一生懸命で温かいサポートの結果です。

学習全体については、まずお母さんは説明しようとするより、生徒役になって「どうやって解くの？」「先生はどう教えてくれた？」と声をかけて説明を聞く側になってあげること。子供があいまいな形で理解して帰ってきても、お母さんにわかるように説明しようとするうちに、頭の中で思考を再構成します。

それによって、あいまいな理解がきちんとした形になって定着します。その「相手役」をするのがお母さんの最大の役割です。

そしてお父さんに求めたいのは、自分がもっている知識を押しつけようとしないこと、また算数は数学よりも劣っているものだと考えないこと。算数と数学は別物なのです。

それを理解したうえで、親が指導する場合は、「答えを教える」「特定の問題の解き方を教える」ことより、やがて子供が自分ひとりで勉強していけるようにすることを一番に考えてください。手をかける頻度を少しずつ少なくして、ヒントだけ与える、自分で考えるための問題の読み方だけ教える、という方法が望ましいでしょう。

ただし、これは必ずしもお父さんに限りませんが「思いついたときだけ」「時間があるときだけ」という教え方だったら、教えないほうがずっとマシだといえます。子供の勉強を見てあげる時間が日常的に安定してとれない多くのお父さんは、勉強を教えるべきではありません。

普段忙しいお父さんが、「せめてたまには」と思う気持ちもわかります。でも、たまたま家にいるとき、たまたま子供が持ち帰った点数のよくないテストを見て、「これで大丈夫なのか。ちょっとオレが見てやる」と急に教え始め、子供は泣かせる、妻とはケンカになる、ではどうにもなりません。

たとえば毎週日曜の午前中1時間だけは、お父さんと一緒に算数のわからなかったところを復習する、といったことが確実にできるのであれば悪くはありませんが、それも4年生のうちが限界です。むしろ、お父さんはお母さんをリラックスさせ、話を聞く側に回ってサポートしたほうがずっといい。

仮に教え方がとても上手なお父さんでも、親に教わる習慣がついてしまうと、塾の授業できちんと聞かずに「あとでお父さんに聞けばいい」と安心したり油断したりして、塾の授業の効率が落ちてしまうことがあります。塾でちゃんと聞けばわかるはずなのに、その時間をムダにしてしまうわけです。これは父親に限らず、塾と家庭教師を併用する場合も同じ。家庭教師のタイプによりますが、「塾でわからなかったところを教える」という役割だけになってしまうとあまり意味がありません。

一番望ましいのは、「この問題、面白そうだな。一緒にやってみよう」「ほかにどんな解き方ができる？」「へえ、そういう考え方で解いたのか‼すごい！」と、子供の自尊心をくすぐりながら、学習意欲を高めていくことです。

母親は生徒役になる、父親は一緒に研究する先輩になる、ということです。

「否定の言葉」は絶対に使わない

子供との接し方全般において、お母さんは「こうしたらダメ」「こうしなくてはいけない」という言葉を極力使わないようにしてあげてください。お母さんの言葉がいつも否定から始まるというのは、子供にとって何より辛く、悲しく、イヤなものです。どんな子供もお母さんにほめてもらいたい。それが最大のモチベーションなのですから、それをけっして忘れないであげてください。

いくらしっかりしているように見えても、まだ小学生なのです。「そんなことじゃ志望校に受からないわよ」「自分のためだからがんばりなさい」「中学受験は自分で決めたんでしょ！」「塾に行きたいと言い出したのはあなたじゃないの」「今がんばればあとが楽なんだから！」は、すべてNGです。

すべての子供は「お母さんがよろこんでくれるから」「お母さんがほめてくれるから」がんばるのです。「がんばってエラいね」「よく続いているね」と何度でも、毎日でもほめてあげましょう。そのうえで、「こうしたほうが、もっとうまくいくよ」「ここだけ直したらずっとよくなるよ」と、よりよい方向に導いてあげるのです。

また、次のような言い方も非常に効果的。ぜひ使ってみてください。

「もともといい頭をもっと使って、もっとよくしたいよね？」
「難しいことがわかるようになるのは、すごく楽しいよ」
「新しいことをもっと知って、楽しい気持ちになってほしい」
「あなたなら必ずできるから大丈夫だよ」

「プチ思春期」を機嫌よく乗り切る

算数が得意な子供に共通するのは、いつ会っても機嫌がいいということです。だいたいニコニコしていることが多い。

そもそも算数の勉強は、機嫌が悪いときは絶対にできません。

といっても、別に子供の機嫌をとる必要はなく、単に親が機嫌よくしていればいいだけです。成績が上がらない、勉強しない、言うことを聞かない、だらしない、ゲームをしてばかり……など、機嫌が悪くなるネタはたくさんあるでしょう。忙しいお母さんがいつもニコニコしていられないのももっともですが、できる限り笑顔でいてあげてください。

テストの点が悪かったときも、「もっと勉強量を増やせ」ではなく、まずは子供のテスト直しにつき合って、何が不足していたのか、どこがあやふやだったのか、まず親子で原因を探りましょう。補強ポイントを一緒に見つけて、勉強の仕方を変更したりする「チームワーク」が大事です。

同時に、子供の精神面の変化もきちんと見てあげましょう。親が勉強を強制しすぎていないか、友達関係で悩んでいるのではないか、塾の先生に厳しく叱られたことがショックだったのではないか……などということにも十分に気を配ってください。必要であれば塾の先生に相談する、学校の先生に相談することも考えます。場合によっては転塾を考える、家庭教師に相談するという方法もあります。

9〜10歳は、いわば「プチ思春期」のような年齢。自我が目覚め、親の言うことをうるさがったり、反抗したり、八つ当たりをしたり、何を聞いても「別に〜」としか答えなかったりする時期です。そこに受験や塾が加わるのですから、子供の気持ちが不安定になりがちなのも当然ですし、親子関係そのものが荒れてしまうこともあります。

お母さん自身にも焦り、不安もあるでしょうが、「一緒に乗り越える対象がある」というのは、この時期にしかできないことかもしれません。同じ時間を共有することの喜びを、常に思い出すようにしてみてください。

2
章

算数を得点源にできる子は
“この方法”を知っている

親が先に「文章題は難しい」と思い込まない

算数で文章題が苦手だという場合、まず基本的な国語力がないというタイプと、もうひとつは面倒だから考えたくないというタイプがいます。

文章の読解が苦手だったり、正確に読みとろうとする意欲に欠けたままだと、特に受験の算数、国語にはかなり強い関連があるため、どちらかがまったく不得意、ということはあまりありません。算数が得意な子の多くは国語も得意なものです。

算数の文章題を解くために必要な国語力は、日常の家庭における会話や、国語の学習でも十分に培えます。ただ、文章が出てきただけで面倒くさがるタイプだと、少し対処に手こずるかもしれません。普段の読書では論理的な文章、説明文にあまり出会うことがないので、子供新聞や子供向けの科学読み物などをときどき読む習慣をつけておくといいでしょう。もちろん国語の学習にも役立ちますが、算数の文章題への苦手意識もそれで薄れることが期待できます。

たしかに、算数の文章題は慣れないとなかなかわかりにくく、面倒なものに見えます。「AさんとBさんがそれぞれお金をもっていて、Aさんはそのときもっていたお金の$\frac{1}{3}$をBさんにあげ、Bさんは$\frac{3}{4}$をAさんにわたし……」などという文章が何行も続いて、「最後にふたりとも同じ金額になりました。最初にAさんはいくらもっていましたか」というような問題がよくあります。

しかし文章が長くなると、文中に出てきた「そのとき」がいつを指しているのか、サッパリわからなくなってしまう場合があるのです。

こういうときは問題文からわかっていることをきちんと書き出し、ひとつずつ戻って考えていく必要があります。最終的にふたりとも1200円になったと書いてあったら、「そのとき３分の１をもらって1200円になったのなら、その前の段階は900円だ。そうすると、わたした方は○○○円だったはず……」と戻っていくわけです。

数学の場合、最初に登場するAの金額をx，Bの金額をyにして、文章通りに式を組み立てて方程式を解くわけですが、算数はそれと逆の手順で考えていくものが多くあります。

これ自体は難しいことではないのですが、この手順を「面倒くさい」と考えてしまう子がいるのです。まず、少し込み入った文章に慣れること、そしてもうひとつは、親（特にお母さん）が先に苦手意識をもたないことです。どうも、お母さんの方が「文章題は難しい」と思い込んでいるケースが多く、その苦手意識はすぐ子供に伝わります。

できるだけ、お母さん自身が面倒がらず、2、3行程度のやさしい文章題から子供と一緒に解いてみてください。そして、なるべくお母さんが生徒役になる時間をつくり、子供に説明してもらってください。

5年生にもなると、大人でも解けない問題がどんどん出てきます。そうなったら一緒に解いてみることは難しいですが、3年生から4年生半ばぐらいまでの算数については、お母さん自身も一緒に学ぶぐらいのつもりでフォローしてあげましょう。

小学校の算数を方程式で解いてはいけない

特にお父さんにお願いしたいのは、算数を方程式で解く方法を教えないことです。数学が得意なお父さんは、つるかめ算、和差算などをすぐに連立方程式で教えようとしてしまいます。

「Aくんと Bくんは合わせて1500円もっています。AくんはBくんより200円多くもっています。ふたりはいくらずつもっていますか？」

という和差算で、お父さんは「こんなの簡単だ」と連立方程式を立ててしまいます。

$$x + y = 1500$$
$$x - y = 200$$

そうして解き方を教えてしまうのが一番教えやすいからです

が、これをやってもまったく意味はありません。子供も「ふーん」とは思っても、ちっとも解けた気分にならず、納得感もない状態です。お父さんは、方程式を使う以外に教え方がわからないなら、教えるべきではありません。
「子供の問題が解けないはずがない」「解き方がわからないとは言えない」という、お父さんのプライドがあるのでしょう。でも、子供をフォローする気持ちがあるのなら、教科書をきちんと読み、問題集や例題の解法をしっかり勉強してからにしましょう。

もし本気で方程式を教えるのであれば、「移項」の意味をわからせなくてはならないし、それには「マイナス」の扱いを教えなければなりません。中学1年の1学期に学ぶ内容をしっかり教えなければ理解できないことです。小学生はまだマイナスの概念を習っていないので、裏ワザ的に、中途半端に連立方程式の解き方を教えても、ムダというよりむしろマイナスになります。

「必ず解ける」という確信を持たせられるか

算数で大切なのは目に見えるようにして考えることで、図や表、グラフを使って自分の「実感」から解法を探します。式に落とし込んで計算すれば自動的に答えが出るという方法を子供に中途半端に教えてしまうと、子供は考えて試行錯誤することが面倒でバカバカしいことだと感じてしまいます。答えが合っていて、しかもよけいなことを考えなくてすむなら、ほかの問題でもそういう楽ができるはずだ考えてしまうでしょう。線分図を書く、表にする、補助線を引くなどの方法をあれこれ試し、ときには楽しみ、「わかった！」「解けた！」「この方法を誰かに教えたい！」と感じることが算数の本当の楽しさであり、それを知った子だけが伸びるのです。

算数の勉強は頭をよくするための訓練です。頭のよさといってもいろいろな面がありますが、算数で鍛えられるのはゼロから何かを創造する、発見する能力ではなく、頭の引き出しにあるものを目的に合わせて取り出し、組み立てる能力です。

本質的な意味を理解していない子供に方程式を使う解き方を教えると、その能力を伸ばす機会を奪ってしまいます。たとえて言うなら、歩き方を知らないうちにベルトコンベヤーの存在を教えて、「ここに乗れば楽だよ」と教えるようなものです。正しい歩き方を知るべきときにそれをやってはいけません。歩き方や走り方を知って、ベルトコンベヤーがどんな仕組みでなぜ動くのかを知るまでは、使うべきではないということです。

算数というのは、込み入った文章題にも必ず解法があるはずだと確信してチャレンジして、「私ならこの問題はきっと解ける」という気持ちで解くのが一番楽しい。こうしたチャレンジをする気持ちは、試行錯誤の末に「解けた！」という体験を重ねていくことで強くなります。

親世代は知らない「面積図」の考え方

Q　ツルとカメが合わせて20います。足の合計は56本です。ツルは何羽いるでしょう？

これがつるかめ算です。前述したとおり、これを大人は連立一次方程式で解こうとします。

まずツルの数を「x」、カメの数を「y」として、次のように解いていきます。

［式］

$x + y = 20$

$2x + 4y = 56$

［解き方］

$2(20 - y) + 4y = 56$

$y = 8$

$x + 8 = 20$

$x = 12$

［答え］12羽

もちろん答えは合っているのですが、中学受験ではこれを「算数」で解きます。小学生はこの問題をどうやって解こうとするのかご紹介しておきます。

小学校３年生にこの問題を出すと、カンのいい子はまず表をつくり始めます。ツルとカメの合計が20になるすべての組み合わせを書き出していくのです。つまり最初はカメが20匹でツルがゼロ。ここから、カメがゼロでツルが20羽になるまでの表をつくり、足の合計が「56」になったところに正解があるというわけです。

ツル	0	1	2………	12	……… 18	19	20
カメ	20	19	18………	8	……… 2	1	0
足合計	80	78	76………	56	……… 44	42	40

なかには、表を書き始めてすぐ「あ、足の合計が２本ずつ減ってる」と気づく子がいます。カメの足の数（４）とツルの足の数（２）の差の分だけ変化していくわけです。これに気づけば、表を全部書かなくても解くことができます。

つまり、何回減れば80本が56本になるのかを求めて、その回数を表の起点であるツルの数「0」に足せばいいということになります。これを式に書くと次のようになります。

$$(80-56) \div (4-2) = 12$$

これには次のような公式もありますが、これは上記の考え方を式にしただけなので、暗記しなくても解くことはできます。

（４×頭数－足数）÷（４－２）＝ツルの頭数
（足－２×頭数）÷（４－２）＝カメの頭数

もうひとつの解き方が「面積図」を使う方法です。

つるかめ算を面積図で解く方法

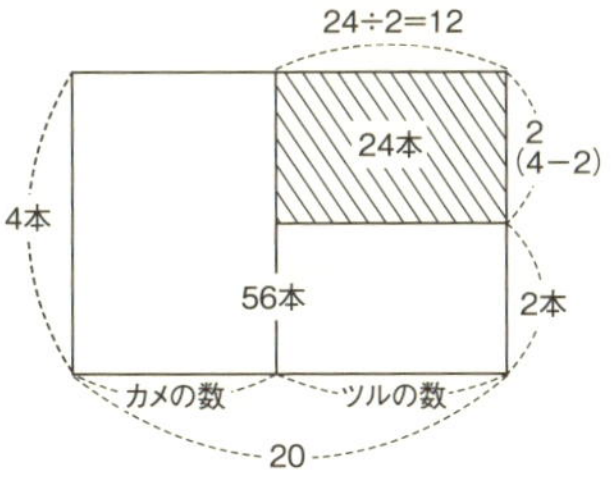

左の一番大きな長方形は4×20＝80ですから、斜線をつけた長方形は80－56＝24となります。この斜線をつけた長方形のたては4-2＝2ですから、よこは24÷2＝12となり、ツルの数が求められます。

この考え方を式にまとめると、(4×20－56)÷(4－2)＝12となり、表を使った場合と同じになります。「考え方が全然違うのに、全く同じ式になっちゃった！」という驚きも、子どもの頭を刺激してくれます。

[つるかめ算の例題A]
持ち点100点でじゃんけんをします。勝てば13点もらえて、負けると5点減ります。あいこはないものとします。
(1) 5回じゃんけんをして3回勝つと何点になりますか
(2) 20回じゃんけんをしたとき、252点になりました。このとき何回勝ちましたか

(帝塚山学院中学)

これは面積図にしようとすると、減る数の表し方が面倒になりますから、「つるかめ算」の「カメとツルの交代」で考えてみましょう。

1) 3回勝ったということは、2回負けていますね。
はじめ100点持っていて、13×3増えたのに5×2減りました。
100＋13×3－5×2＝129

(答え) 129点

2) 1) と同じように考えることができず正解にたどりつけません。
もし、20回全部勝ったら… 100＋13×20＝360になったはずですから、360－252＝108(点)足りません。そこで、何回負けたのかを考えます。1回勝ったときに比べて、1回負けると13＋5＝18(点)持ち点が少なくなります。
ですから、108÷18＝6(回)負けたことがわかります。
勝ったのは、20－6＝14(回)

(答え) 14回

[つるかめ算の例題B]
赤、青、黄の3種類の玉が全部で30個あり、赤玉には3、青玉には4、黄玉には5の数字が書いてあります。玉に書いてある数字の合計は129です。赤玉と青玉の個数は同じです。黄玉は何個ありますか。

「赤玉と青玉の個数が同じ」が、簡単に解くためのヒントです。赤と青に書いてある数を2つの平均の3.5に書き換えましょう。そうすると、「足の本数が3.5本のAという虫と、足の本数が5本のBという虫合わせて30匹います。足の本数合計は129本です」と同じ問題になりますね。

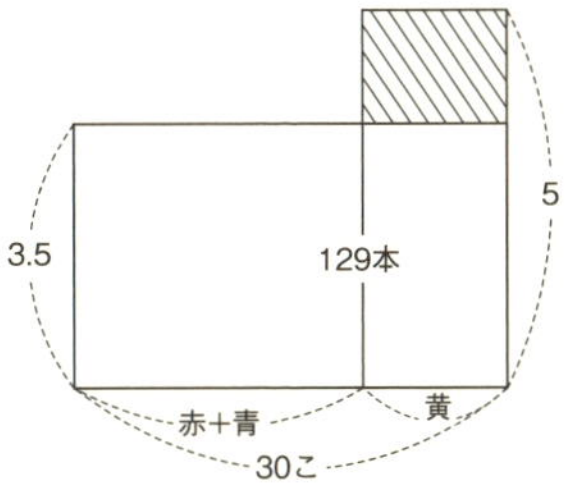

129−30×3.5で斜線の長方形の面積は24になります。
この長方形のたては5−3.5=1.5ですから、よこは24÷1.5=16
これが黄色の個数になります。
（答え）16個

教科書に「文章題」という単元はない

中学入試の算数では、学校ではけっして扱わないタイプの文章題が出題されます。そもそも、このつるかめ算のいろいろな

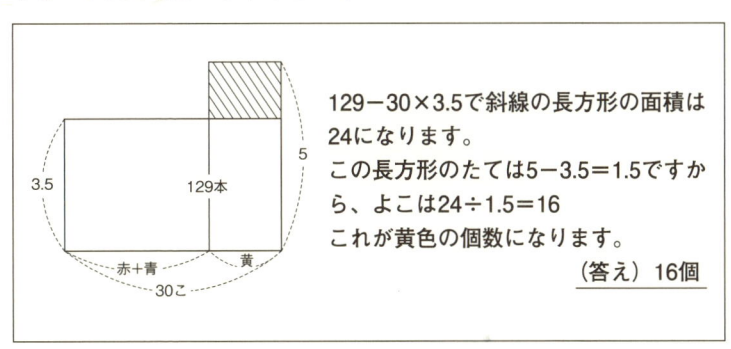

解き方は、学校の教科書には出てきません。教科書ではそれぞれの単元のあとに必ず文章題がついていますが、「文章題」という単元があるわけではないのです。

たとえば、中学入試でほとんどの場合に出題される「速さ、時間、距離」の問題を東京書籍の算数の教科書で見ると、6年生の中盤で「速い、遅いとはどういうことか」を学びます。

この単元には「力をつけるもんだい」が6つ用意されていますが、これはその最後の問題です。

> 音が空気中を伝わる速さは秒速0.34kmです。いなずまが見えてから、5秒たってかみなりの音が聞こえました。かみなりから音が聞こえた場所までは、およそ何kmありましたか。ただし、いなずまは光ると同時に見えたとします。

さらに仕上げとして用意されている3問のうちの最後は、次のようなものです。

> ロケットが秒速8kmの速さで5分間飛んだときの道のりが何kmかを求めます。たくみさんとみほさんは、それぞれ次のような式で考えました。ふたりの考えを説明しましょう。
>
> たくみ
> 8 × (60 × 5) = 8 × 300 = 2400
>
> みほ
> (8 × 60) × 5 = 480 × 5 = 2400

しかし中学受験の問題はこんなレベルでは解けません。受験中級レベル（小学校５年生でもチャレンジ可能）でも、次のような複雑なものが出題されます。

［例題］
流れの速さが時速3.3kmの川の上流にA地点、下流にB地点があり、4015m離れています。J校のボートの長さは2.6m、G校のボートの長さは2.4mです。
(1) ある日、J校のボートがA地点から下流に向かって、G校のボートがB地点から上流に向かって同時に出発し、6分後にすれ違い終わりました。この日のJ校のボートの静水（流れのないところ）での速さは時速21kmです。G校のボートの静水での速さは時速何kmでしたか。
(2) 次の日、J校とG校のボートが、A地点から下流に向かって同時に出発しました。この日のJ校のボートの静水での速さは時速19.8kmです。G校のボートは、はじめJ校のボートより毎分5m遅かったのですが、途中からの静水での速さで4％速くしたので、B地点から11m上流のところで2校のボートの先端が並びました。G校のボートが速さを変えたのはA地点から何mのところですか。
（女子学院中学・2013年度入試問題［大問４］）

〔例題の解き方〕
(1) 流水算用の線分図（上流を上にした斜め線）を書きます。

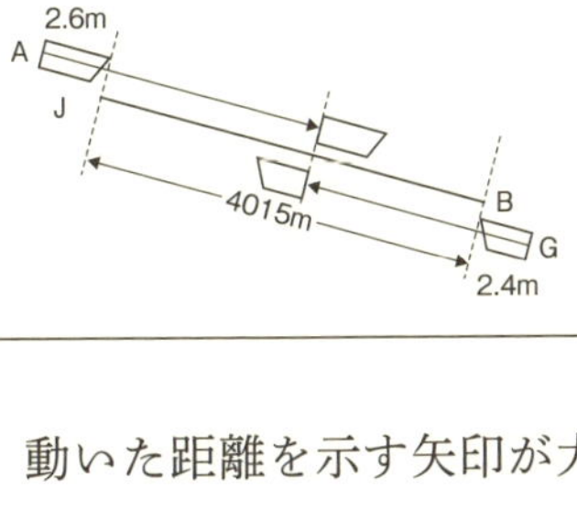

動いた距離を示す矢印が大切（船尾→船尾または先頭→先

頭）です。

この図より、2つのボートが動いた距離の和が4015＋2.6＋2.4＝4020mとなります。

J校のボートの下りの速さは21＋3.3（km/時）、G校の上りの速さは静水での速さを□とすると□－3.3（km/時）です。このことから2つの船は、1時間あたり（21＋3.3）＋（□-3.3）＝21＋□ずつ近づくことになります。4020mを6分で近づきましたから、

$$4.02(\text{km}) \div \frac{1}{10}(\text{時間}) = 40.2(\text{km/時})$$

↑4020m　↑6分

この40.2（km/時）が21＋□（2つの船が静水での速さの和）ですから、□は40.2－21＝19.2（km/時）となり、これがG校のボートの静水での速さです。

（答え）19.2km/時

(2)を解く前に数字を見ておきます。流速3.3km/時、J校ボート19.8km/時は両方共3で割れます。このことから、分速（60で割る）に換えても大丈夫だと判断できます。

J校ボートの下りの速さ19.8＋3.3＝23.1(km/時)＝385(m/分)

川の流速は、3.3（km/時）＝55（m/分）

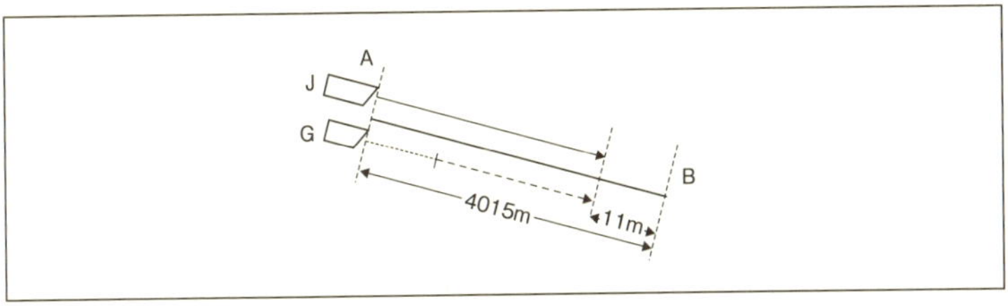

上の図から、J・Gの2つの船は4015－11＝4004m進みました。

J校のボートは速さが変わっていませんから4004÷385＝10.4(分)かかっていることになります。

G校のボートは途中で速さを変えて、10.4分間で4004m進みました。

G校ボートのはじめの下りの速さは385－5＝380(m/分)、G校ボートのはじめの静水での速さは、380－55＝325(m/分)です。途中で4％速くなりましたから、その速さは325×1.04＝338(m/分)です。このときの下りの速さは、338＋55＝393(m/分)です。

G校のボートは、4004mをはじめ380m/分で進み、途中で393m/分にスピードアップして10.4分で進んだことになります。

このことを面積図を書いて斜線の面積を求めると、393×10.4－4004＝83.2。これをたての13で割ると83.2÷13＝6.4(分)となります。6.4分後にスピードアップしたので、その場所はA地点から380×6.4＝2432(m)になります。

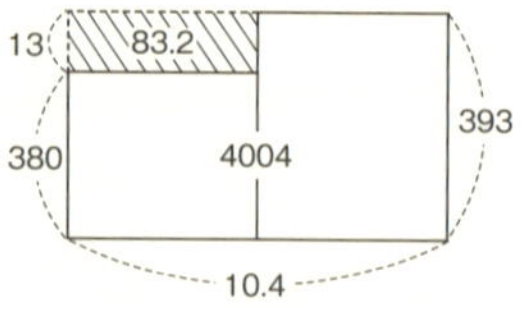

（答え）2432m

こうした問題は、やはり塾で勉強するのが現実的です。

面積図が文章題攻略のポイント

最近の算数で親御さんがよく戸惑うのが、「面積図」「てんびん図」といった「図解」で問題を解くことについてです。

通常、長方形は「たての長さ×よこの長さ」で面積を表します。しかし面積図の場合、長方形が面積を表しているとは限りません。長方形の面積がたてとよこの積であることを利用して、さまざまな文章題を解くときに使われるのです。

たとえば、速さの問題でたての長さを「時速」、よこの長さを「時間」として長方形を書いた場合、長方形の面積は「進んだ距離」を表します。また、食塩水の問題でたてを「濃度」、よこを「食塩水の重さ」とすれば、長方形の面積は「食塩の重さ」になります。

こういう考え方で図を書き、わかっていない部分の長さを求めることで答えを導くのが面積図という「ツール」です。これは約30年くらい前から使われ始め、その後５年くらいのうちにほとんどの塾で使われるようになりました。そのため、中学受験を経験されたお父さん、お母さんでもご存じない方が多いでしょう。しかし現在では、少しややこしい文章題を解く際にはよく使われる方法になっています。教科書での教え方と矛盾するものではありませんが、初めて見ると誰でも戸惑ってしまうでしょう。

時速４kmで歩いていたが、途中で時速２kmにスピードダウンし合計５時間歩いて16km進んだ。最初の時速4kmで歩いた距離は？

「時速4kmのまま5時間歩き続けた場合」を考えると、進んだ距離はは20kmになり、実際に進んだ16kmより4km進みすぎてしまう、というところから解いていくこともできますが、面積図を使うと解法は次のようになります。

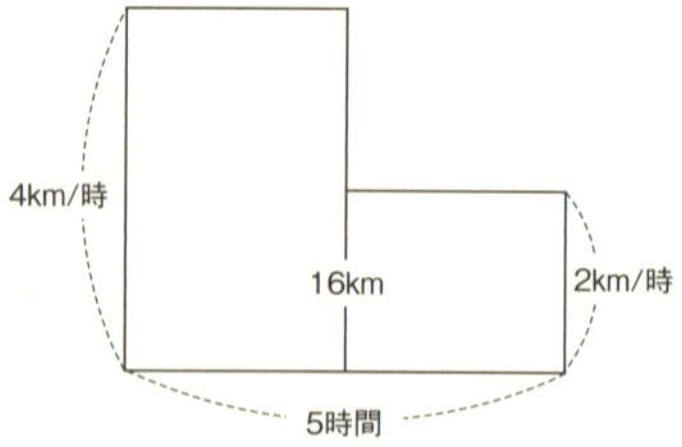

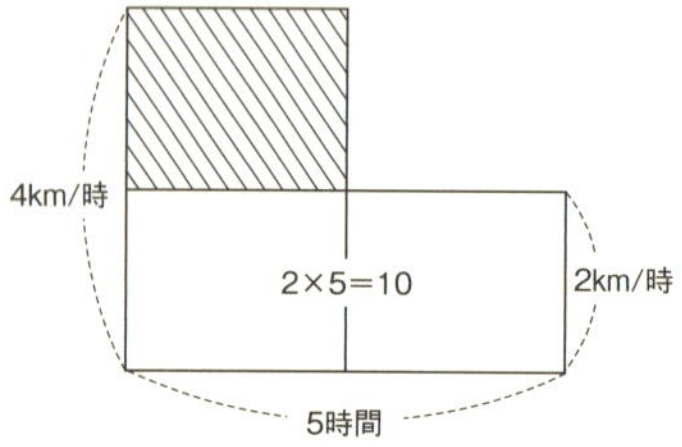

上の図を書き、次に左の斜線の長方形の面積を考えます。これは、16−2×5=6となります。この長方形のたては、4−2=2ですから
(面積)÷(たて)=(よこ)を使って、6÷2=3
つまり、時速4kmで3時間進んだことになります。

(答え)3時間

また、次の方法もあります。

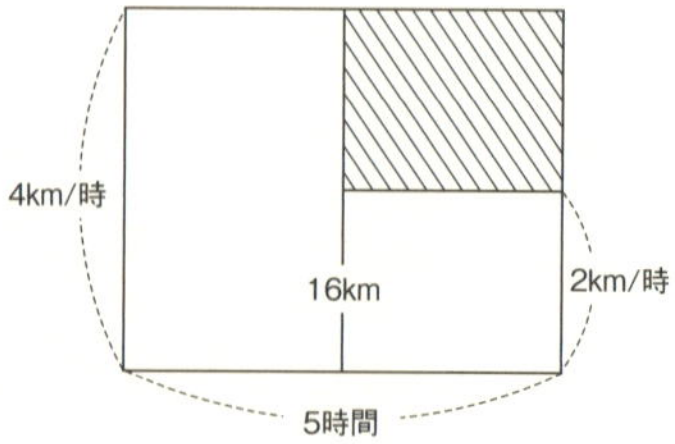

斜線の長方形の面積は、4 × 5 −16＝ 4 (km)。

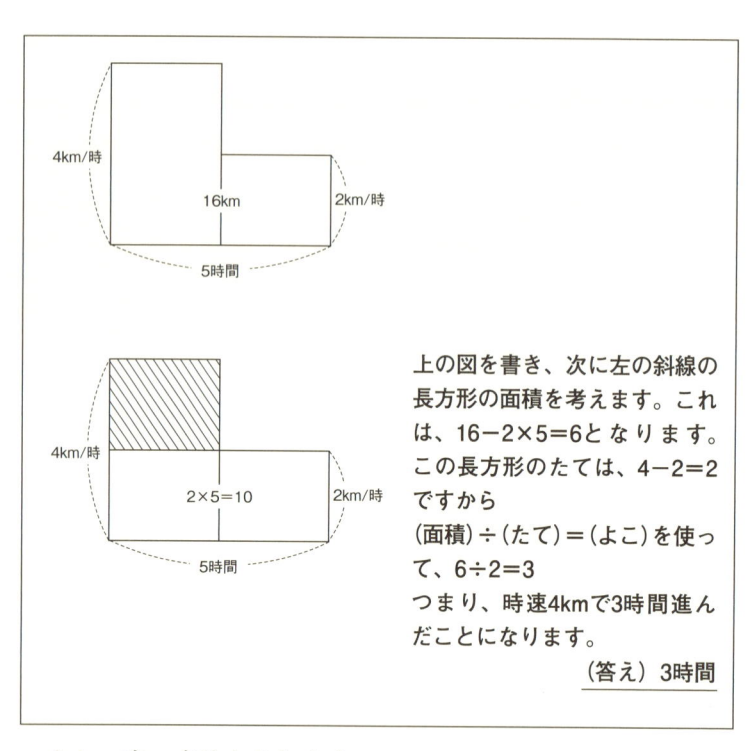

この長方形のたては、4 － 2 ＝ 2（km/時）です。よこの長さは4 ÷ 2 ＝ 2（時間）。

これが時速2 kmで進んだ時間ですから、時速4 kmで進んだ時間は、5 － 2 ＝ 3（時間）となります。

面積図は、速さの問題以外では濃度の問題でも非常によく使われます。

「5 %の食塩水200 gと10%の食塩水300 gを混ぜると何%になりますか？」という問題も図に表せます。

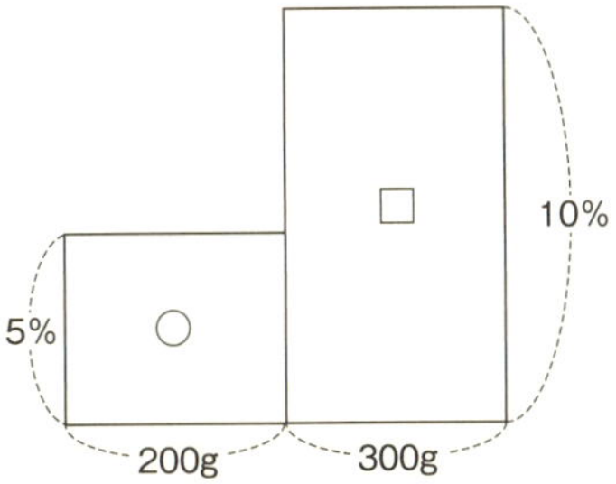

たてが濃度、よこが食塩水の量で、面積は食塩の量ということです。両方の溶液を混ぜ合わせるのは、○の部分と□の部分の長方形をあわせてひとつの長方形と考えるのと同じなので、次のように考えることができます。知りたいのは「A」です。

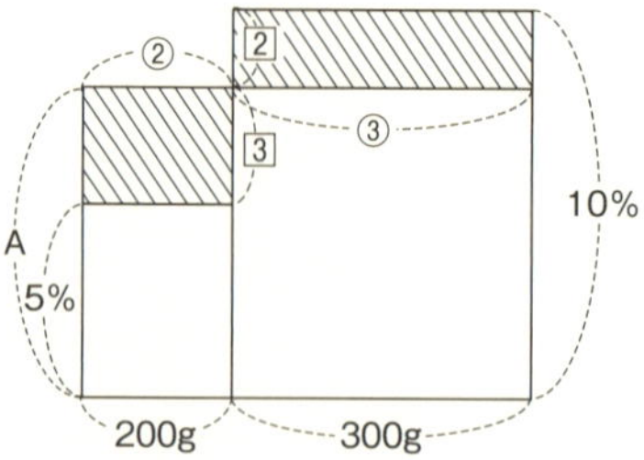

斜線部分の面積は同じでよこの長さが2対3なので、たての長さは逆比の3対2。そこから、「10－5＝5」を3対2に配分すると求めるAの長さは「5＋3＝8」となり、答えは8％ということになります。

これを「てんびん図」にすると、以下のようになります。

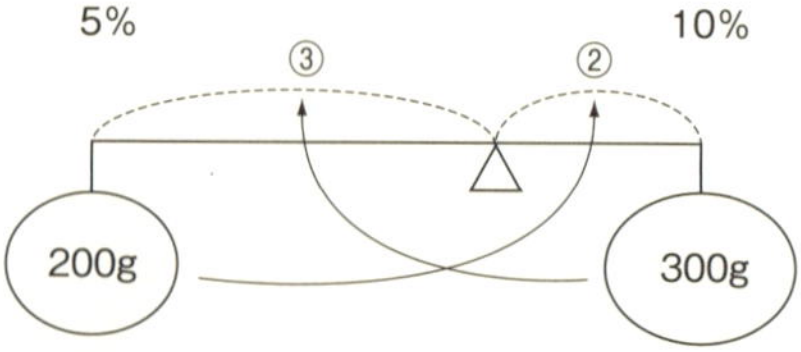

左右のおもりは200gと300g。つまり食塩水の重さです。てんびんの腕の長さが濃度で、混ぜ合わせたときの濃度が釣り合ったところ、つまり「支点」の位置です。計算は面積図と同じ。要するに、てんびん図をよこにしてみると面積図と変わらないのです。

「表」を自分で書き起こせるか

実は、塾は受験のテクニックを教える場所ですから、やはり少し「ずるい」ところがあります。面積図とてんびん図は基本的に同じようなものですが、てんびん図の方が書くのが簡単で、答えを求めやすいことがあるため、食塩水の求め方がよくわからない生徒に「とにかくてんびん図を覚えておけ」と教えてしまうのです。

ただ、私は慣れるまでは面積図を使うことをおすすめします。そのほうが機械的にならずに問題をイメージしやすいからです。そのためには、面積図を教えるときに「たては濃度、よこは重さ」「たてが時速、よこは時間」と覚えるのではなく、なぜこの図で考えると正解になるのかを時間をかけて指導する必要があります。

塾で習ったこの方法を意味がわからないまま使っていると、例題の数値を変えた程度の問題は解けても、応用問題になった場合に対応できなくなります。

中学受験の算数で必要な図法は、線分図、面積図（てんびん図）、ダイヤグラム、ベン図などですが、表の書き方や見方も非常に大切です。これは算数に限らず、理科や社会でも変わりません。

北半球と南半球の陸と海の比率に関する問題などは、表をつくって考えないとまず解けないでしょう。設問に書かれたことを表にしてわかっている数値を入れていく、という作業ができないと、解けないものが非常に多いのです。

3章

受験直前！
最後に笑うための
算数実戦対策

5分考えてわからない問題はあきらめる

６年生になるとそろそろ志望校が気になってくると思いますが、一般的に、１学期のうちにはっきり絞る必要はありません。１学期はまだ学力をつける時期で、２学期からが志望校の傾向に合わせて得点力を上げる時期です。

そのため、１学期と２学期では勉強の方法も少し違います。１学期から少しずつ始めたほうがいいのは、「捨てる問題」を見つけることです。中学受験の最大の目的は合格することであり、満点をとることではありません。つまり、合格最低ラインの得点が６～７割なら、残りの３～４割は解けなくてもいい問題なのです。

普段の勉強も、それをふまえてやっていくようにします。「漢字」や「暗記もの」については、覚えていないものにいくら時間をかけても解けるはずがありません。でも、算数の場合、本質的にわかっていない場合はいくら考えてもムダですが、問題によっては考え続けると解けることもあります。

そこから、先生も親も「簡単にあきらめないで粘りなさい」「できるまで考えてごらん」という指導をしがちですが、この時期の受験対策としては考えものです。

難易度が高い問題をずっと考えさせても、頭の中の手持ち材料はすべて使い切っていて、ずっと「困ったなあ」と考えていたり、すでに別のことを考えていることがほとんどです。中学受験では多くの難問が出題されるので、できない問題が出てくるのは当たり前。できないものはできないと、さっさとあきらめさせましょう。

算数が得意な子が問題を解く様子を見ていると、かなり難しい問題でも、だいたい３分くらい考えてから手が動き出します。特別にできる子だと１分以内。３分で手が動かない場合は、それ以上待っても解けない場合のほうが多いです。テストなどで集中力がうんと高まっている場合でも、３分以内に手がかりがつかめていないとまず無理です。

家庭学習の場合は集中力も下がるので、５分考えて手を動かせなかったら、ヒントになる質問を投げかける、問題集の解説を読むなどしてあげましょう。

重要な「捨ててもいい問題」の判断

どの問題を捨てるかという判断には子供の現在のレベルや志望校が関係してくるので、すべて「５分考えて手が動かない問題はやらなくていい」というわけではありません。問題のレベルは、次の三段階で考えます。①いま解けなければいけない問題、②いま解けた方がいい問題、③いまは解けなくていい問題です。「５分考えて解けない問題」の中にも、①、②レベルの問題があるからです。

この見極めをするのに一番いいのは、塾のテストの振り返りです。最近の塾のテストには、“この問題を解けた人がどれだけいるか”という「正答率」が出ています。偏差値50前後の中学を目指すなら、正答率50%の問題で間違っていたものは徹底的に解き直し、理解する必要があります。

半数以上の人ができた問題を、「５分考えてできなかった」と捨ててしまってはいけないわけです。さらに、余裕があれば正答率40%の問題にも挑戦しましょう。

偏差値60以上の中学を目指しているなら、正答率40%の問題は確実に解けるようにして、30%にも挑戦します。

無理な挑戦をする必要はありません。四谷大塚の偏差値60を目指している場合、御三家クラスの超難関中の問題に時間を費やすのは時間のムダです。しかも、何時間もかけてこうした問題を１問理解したとしても、それより難易度の低い問題が全部解けるようになるわけではありません。それに、その場では理解した気になった問題でも、翌日になるともう解けなくなってしまっています。余裕があるときに挑戦してみるのはかまいませんが、６年生の段階では時間をかけても解けなかったと自信を失ってしまう場合もあります。

ただし、問題をはっきりと選別するのは６年生限定の受験対策です。４年生からこういうことはしないでください。難しくても、無理そうだと思っても、一応全部がんばるのが正しいやり方です。５年生になったら、少しだけ「超難問」は無理しないという選択肢が入ってきてもいいでしょう。

５年生でも、塾の範囲の広いテストの中には、満点対策（満点がとれないように極端に難しい問題を入れておく）をしてあるものもあり、１、２問は「正答率２％以下」という恐ろしいものが混じっていることもあります。これは、実際には誰もできなかったと考えていいものです。そんな問題は、解き直しも復習も必要ありません。

6年生からは
合格するための勉強を

塾は「このクラスは、この問題は解けなくていい」とか、「前回のテストで、この問題は解き直しをしなくてもいい」といったところまでは指導してくれません。

親子で戻ってきたテストの点数、順位を見て、さらに「正答率」を見ながら解き直していくことで、現在のレベルや今やるべきことが見えてきます。テスト直しをていねいに行うと日常の勉強の指針になるので、けっして「今回は悪かったけど、次がんばればいいよね！」などと放置しないことです。

毎月のテストでクラスが変動し、志望校の合格可能性もわかります。その結果はとても気になるでしょうが、合格可能性や判定は、正直あまりあてにならないことも多いです。偏差値と正答率を手がかりに、着実に勉強を進めていきましょう。

また、塾で出る課題の分量が多すぎる場合、やり切れない場合も睡眠時間を削らせずに取捨選択しましょう。これも主にお母さんの役割です。どれを選択すべきかわからなかったら塾の先生と相談し、それでもはっきりしなかったら一時的にでも家庭教師に助けを求めて相談するのがいいと思います。

５年生までは確実に学力をつけていくための勉強、６年生は合格するために得点力をつけていく勉強が中心になります。塾のテキストは全員が対象。捨てる問題は大人がはっきり示してあげる必要があります。子供には、やらない問題があっていいこともしっかり伝えてください。

意外に根が深い「うっかりミス」

６年になっても「計算ミスが多い」という悩みはなかなかなくなりません。だいたいの場合、どこの塾のテストでも大問１

は計算問題が２、３問は入っています。もちろん、そうそう簡単なものではありませんが、これが全部バツという子も少なくありません。

まったく計算方法そのものがわかっていない場合は、かなり戻ってやり直すしかありませんが、計算の間違え方をよく見てみると、途中までは考え方が合っているのに、途中で混乱してしまっているものがかなりあります。これは、どうにか立て直すことができます。

計算間違いさえなくせば、20点くらいはすぐに上がることもあります。これは非常にもったいない失点です。だから、6年生からでもなんとか対策をとりたいところです。

計算間違いが多いのを嘆くお母さんは多く、みなさん「落ち着いてやればできるはず」「ケアレスミスばかり」「うっかりミスをなくせば大丈夫なのに」とおっしゃいます。難問を解けるようにするよりは計算ミスをなくす方が簡単なのではないか、と感じていらっしゃるようですが、実は正確な計算力を身につけさせることは一筋縄ではいかないのです。

一つひとつのミスは本当に大したものではないように見えます。「繰り上がりを忘れる」「すでに繰り上げたのにさらに繰り上げてしまう」。そんなミスばかりで、指摘すれば「あ、ほんとだ」と気づくものが多いでしょう。そのため、子供自身もそこを深刻なことだと感じません。指摘されて「なーんだ」と感じたところで「解決」してしまった気持ちになっているのです。「うっかりしていたから間違えた」「落ち着けばできる」「本番ならできる」と感じている。ところが、普段できないことは絶対に本番でもできないのです。

計算ミスを繰り返して6年生まできてしまうと、その「適当なやり方」が頭に手も染み込んでしまっています。けっしてやり方がわからないわけではないと思っているため、そういう子供ほど暗算を多用します。書くべき数字を書かずに暗算して間違えるわけです。そして途中からきたない字で筆算を始めて、今度は自分の書いた数字を読み間違えたりする。

「これじゃダメだよ。全部きちんと筆算を書いてごらん」と指導するわけですが、筆算に慣れていないとやたらに時間がかかり、それで時間が足りなくなりがちです。

もちろん、正確な暗算ができれば筆算はしなくてもかまいません。ただし、ここでいう「正確な暗算」とは3桁同士のかけ算、わり算も100%確実にできるというレベルで、それは珠算でいうと暗算検定1級以上の力です。10個のうち1個間違えるというレベルの暗算では受験に使うことはできません。

「習い事」として珠算は受験生にもおすすめだと思いますが、5年生までに1級をとることを目標にしましょう。もちろんそこまでの力がなくても、受験勉強に「暗算」と「筆算」は両方必要であり、問題はそのバランスです。

原則として「二段階暗算」はしない

6年生であれば、2桁のたし算、ひき算は基本的に暗算でできるようになっていないと少し困ります。2桁×2桁はのかけ算はきちんと筆算すればでいいでしょう。わり算も2桁割る1桁は暗算、場合によっては3桁割る1桁も暗算で行います。それ以上は筆算が基本です。

暗算能力が平均的な場合、暗算で出した答えに、さらに別の数字をかけたりする「二段階暗算」はしないほうがいいでしょう。これは非常に多い間違いのもとです。しかも、計算の痕跡がノートに残らないので「どこで間違えたか」が自分でも振り返りにくいのです。

計算ミスを減らそうと思ったら、やみくもに問題数を増やすのではなく、「どこまで書くべきか、どこまで暗算していいか」をきちんと考え、必要な訓練をしなければなりません。

また、ノートのどこに筆算するのかまったく決まっておらず、あっちに書いたりこっちに書いたりする子がいますが、これはすぐにでも直さなければ間違いは減りません。

計算を筆算ですることを面倒くさがる子は、計算スペースの使い方も下手です。どのあたりからどのくらいの大きさの字で書けば収まるだろう、という予測ができないからでしょう。その結果、筆算の途中で余白がなくなり、別の場所に続きを書き始めたりしてミスがどんどん増える。これでは、あとから見直してもミスした理由や箇所がよくわかりません。

こうしたことは、筆算を始めたころからずっと続けてきた習慣によります。「こういうタイプの筆算は下のほうに長くなるから、上のほうから小さい字で書かないとまずいぞ」という感覚は、早いうちに身につけておいたほうがいいのです。

練習でできないことは本番でもできない

「今から筆算の練習をやり直していたら受験に間に合わない」「ほかの教科の時間がなくなる」と、計算ミスの問題をそのままにしないようにしましょう。「計算を間違えると本番でとても損をすること」「練習でできないものは本番でも間違える確率がすごく高いこと」を話します。そのうえで、計算間違いを減らせば点数が伸びることを、子供自身に納得させます。

「なんだ、こんなことで損をしていたんだ」と気がつけば、がぜんやる気を出します。だいたいの子供は、「本気を出せばできる」「解き方はわかってるから本番では大丈夫」と思っています。それが思い込みだと気づかせてやることが大事です。

また、よく見ていくと、その子特有のミスがあります。たとえば、「50台の数字から20台の数字を引くときによく間違える」という場合あります。50台と20台の数字を見ると、なぜか反射的に30台の数字を書いてしまうのです。つまり、「50－26」を「34」としてしまう。

こういう場合、無理に筆算をやらせるよりは「暗算でやってもいいけど、そのあと暗算で検算してごらん」と指導します。「50－26=34」だと思ったら、すぐ「34＋26」を同じく暗算でやってみるという習慣をつけさせるのです。

すると、「あれ？　足したら50を超えちゃうな」「さっきの暗算は間違っていたんだ」「なぜ間違ったのかな」と気づきます。検算したり、筆算できちんと計算したりすることが必要だと理解させるのが一番です。

ところが「筆算をきちんとやってみよう」という指導をしているうちに、「100分の３を小数で表しなさい」という問題を、「100÷３」と筆算してしまう子供がいます。これは「計算間違い」や「うっかりミスが多い」という以前に、分数と小数の関係がわかっていません。

つまり、「100分の３」は、「100分の１が３つある」という意味だということがわかっていないのです。100分の１は0.01ですから、100分の３は0.03だとすぐわかる。少し大変ですが、学習を「分数」の単元の最初までさかのぼって、ていねいに復習させましょう。

計算ミスが減らない本当の理由

また、「要領のいい子」にも少し注意が必要です。早く終わらせるために効率のいい解き方を工夫をすること自体はいいのですが、単に面倒くさがりで「何問かは間違ってもいいから終わらせてしまおう」という要領のよさだと、計算ミスは絶対に減りません。

計算練習10問のうち「必ず１問は間違える」「多いときは２問」という場合、これはミスが多い部類です。どういうやり方をしているかきちんと見てあげてください。難しすぎたりやさしすぎたりしていないか、ノルマが多すぎないかもチェックしましょう。

分量が多すぎる、レベルが高すぎる、本当にやる気がない、という場合、子供は解答を写してできたことにしてしまうことがあります。これはもちろん気づいたら注意しなければいけませんが、その前に「なぜそんなことをしたのか」をお母さん自身が考えてあげてください。

子供も、「答えを丸写しすることで力が伸びる」などとは思っていません。それでも、なぜそんなことをしたのか問い詰めても、きっと答えられないでしょう。

もしかして親が無理な期待をかけすぎているのではないか、課題が多すぎて疲れきっているのではないか、なにもかもイヤだという気持ちなのではないか、塾をやめたいのを言い出せないのではないか——。少し立ち止まって考えてあげましょう。

そして、「なぜ勉強しているのだろう」「なぜ受験に挑戦しようとしているのか」といったことを穏やかに問いかけて、一緒に考えてみる機会をつくってください。「終わらせなさい」「早くしなさい」「もっとやりなさい」と言い続けていなかったか、親も自分の言葉を少し思い出してみましょう。

計算問題は「１日何問やればいい」ということではありません。何年生であれ、これまで毎日５問でやり方がいい加減だったら思い切って１日２問に減らし、できるものを確実にきちんとできるようサポートしてあげましょう。

勉強量を減らすのは、簡単そうで難しいものです。親のほうは「たくさんやっていれば安心」「もっとやれば大丈夫」と思いがちですし、６年生になって勉強量を減らすのは勇気のいることですが、「確実にやるほうが得だ」ということを親子で納得し共有することが大事です。

6年生でも計算練習は続ける

だからこそ、低学年から6年生まで計算練習は絶対に必要です。繰り返しますが、1日3、4問、1日10分以下でもいいので、朝学習などの時間を設けて毎日やる習慣をつけましょう。歯磨きより短いくらいでもいいです。計算問題には、単純な四則計算だけでなく体積、面積、時間なども含まれます。

ほとんどの塾には、授業でやるテキストとは別に計算問題集が用意されているので、これを利用します。

少しつけ加えると、SAPIXは意外に純粋な計算練習が少ない傾向があります。各自が毎日やるための「基礎トレ」というテキストを生徒にわたしますが、これは1日10問。そのうち3問ほど計算問題が入っています。SAPIXのテストに出題される計算問題よりやさしめですから、これだけでは計算問題が正確にできるようにはなりません。計算だけは別の教材を用意したほうがいいでしょう。

やり方を見て数字や線がぐちゃぐちゃだったら、もっと難易度の低い計算問題集を選んできっちりやり直したほうが早道です。レベルに合ったものをていねいにやる習慣は早くに身につけるに越したことはありませんが、５年生、６年生でも遅すぎることはないので必ず修正してください。これは中学入試に限らず、一生使える力です。

第一志望を
あきらめる必要はない

中学受験を予定している６年生で、算数が特に苦手だという場合は、最低限の基礎的な計算問題を取りこぼさないようにしましょう。それだけで確実に５～10点はアップします。

「計算練習」は一朝一夕で成果が出にくいことはお話ししましたが、それでも10分でもいいのでこれから毎日続けてください。その場合は、どこで間違えやすいのかをしっかり親子で確認し、「量より質」の計算練習をしましょう。

計算を含めた算数全体がとにかく苦手だという場合は、やはり志望校の変更も含めた再考が必要です。２学期になったらある程度まで具体的に絞り込むことになるので、それまで目標にしていた第一志望を見直すことになるかもしれません。

実際にはめずらしいのですが、苦手なのは算数だけで他の教科は非常によくできるという場合は、パターン暗記でなんとか算数対策がとれる学校を探すほうがいいでしょう。見たこともないような問題に取り組ませて、試行錯誤の中で解法を見つけ出すことを求めるのは無理ということです。

ただ、パターン暗気型で解ける問題が多い上位校というのはまれです。巣鴨・市川・東邦大東邦あたりはパターン暗気型の問題も比較的多く出題されるので、他校よりは可能性があるといえるかもしれません。

中堅校狙いなら
1カ月で直前対策を

パターン暗気型の問題は、ある程度の数をこなしパターンを覚えてしまえばそこそこ解けるようになるので、まったく手も足も出ないということは少ないでしょう。

塾のタイプだと、早稲田アカデミーは比較的「大量演習型」で、多めの宿題を出して「がんばれ！」と応援する体育会系です。子供のタイプによっては萎縮してイヤがるかもしれませんが、塾から家庭への連絡も比較的多くありコミュニケーションはとりやすいようです。パターン型の問題をたくさん解いてなんとか苦手な算数の対策をしたい場合は、向いている塾だと言えます。

偏差値50くらいの学校を狙っていて算数が苦手なら、四谷大塚が出している「四科のまとめ　算数」を、１カ月くらいかけてしっかり仕上げるのがいいでしょう。四谷大塚偏差値60くらいの対策なら、『プラスワン問題集』または『ステップアップ演習』（共に東京出版）を集中的に１冊まるごと、または単元を選んで仕上げる方法が有効です。

それぞれ問題数は300問ほどなので、まるごとでも１日10問ずつやれば１カ月でなんとか終わらせることができます。

算数の10点も理科の10点も同じ

家庭教師を頼むなどして苦手な算数をカバーという考え方もありますが、むしろ理科を集中的に強化するという手もあります。受験の理科は、１回２時間の授業を10回行えば入試に必要な説明を全部終えることが可能。算数の３分の１の労力で成績が上がるので、がんばり次第でどうにでもなるのです。

入試では算数の10点も理科の10点も同じですから、理科で稼ごうとするのが現実的です。

また、本番の入試では算数の問題があまりにも難しすぎて、ときどき平均点が非常に低くなることがあります。算数の合格者平均点が100点満点中40点だった、というような場合です。この場合、算数のボーダーラインは30点くらい。できる子でも40点、もともと算数が苦手な子は20点で、20点しか算数で差がつかなかった、ということもたまに起こります。市川中学などで、以前こういうことがありました。

こうなることを期待すべきではありませんが、こういうケースでは算数が苦手な子にも合格の可能性が出てきます。本来最も差がつくはずの算数で点差が開かない場合は、他教科で差を詰められる、あるいは逆転できるかもしれないからです。

「算数が難しい学校」は意外にねらい目

ときに算数が突出して難しいものを出題するのは、栄東の東大選抜コース、渋幕、開智の特進クラスといったあたりです。以前、開智では、私も思わずのけぞりそうになる問題が出たことがあります。

開智の特進クラスは、「御三家」を第一志望にする子が肩慣らしで受けことが多いですが、それでも100点満点で平均点がなんと20点、というような年度がありました。

つまり「算数が難しすぎる」＝「算数で点差が開きにくい」＝「他教科で挽回の可能性あり」ということなので、算数だけ苦手という場合は少し参考にしてください。

ただ、まったく算数の勉強をあきらめるというわけにはいきません。こうした作戦は、経験豊富で中学入試の最新の傾向を把握してして、塾の授業内容もわかっている塾の先生やプロの家庭教師と練りましょう。「東大に入った知り合いのおにいちゃん」ではダメです。

大手塾でも講師の実力に差はありますが、それでも最低限のレベルはクリアしています。ところが家庭教師には何の資格もいりませんし、ほとんどの場合厳しい研修をするわけでもないため、その実力は本当にピンキリ。「安かろう悪かろう」だと考えていいでしょう。どうしても家庭教師が必要だと感じたら、1回（2時間）あたりの金額が1万円以下、という家庭教師は選ばないほうが無難です。

塾と併用で週1回、半年程度でも、プロの家庭教師であれば目的に応じた効果を出せるはずです。お母さん自身もいろいろ相談できるはずなので、検討してみてはどうでしょうか。

苦手単元の克服には塾の授業を利用する

集中的な苦手単元克服にはこんな方法もあります。

たとえば「速さ」が苦手単元だということがはっきりしている場合、塾のカリキュラムをよく確認してみてください。「速さ」は一度出てきて終わりではなく、何度も繰り返し学習します。どんな塾でもどんな順で単元を学んでいくかは、テキストの最初に書いてあるか、最初に配布されているはずです。「苦手単元をやる週」をあらかじめ把握しておいて、その週だけは算数の家庭学習時間を少し長めにとるのです。

塾では図形をやっている週も、家では「速さの文章題」をやる。これでは常に苦手意識の強い単元を抱えていることになり、非常にストレスがかかります。塾の授業を最大限利用し、タイミングを見て強化するのがいいでしょう。

ただし、苦手単元の克服は11月後半まで。あとは4教科をバランスよく学習して、苦手部分にこだわったり、得意単元ばかりをやったりしないことが大切です。

また、女の子には図形（特に立体図形）が苦手という子が多いですが、受験しようとする学校に立体図形がほとんど出ないのなら、11月以降はこだわりすぎないようにしましょう。

「速さの問題」が苦手な子も多いです。基本問題はわかるのに、複雑な言い回しの文章題になるとできなくなってしまうタイプです。速さの問題は、レベルにかかわらず、まず間違いなく出題されます。12月以降の追い込みになったら、あるレベル以上は捨てると判断してしまうことも必要になるでしょう。

悩ましい志望校の絞り込み

中学受験の入試を１校しか受けないというケースはほとんどありません。ひとつの中学で複数回チャンスがある場合もあり、それを含めるとひとり５、６校は受けるのが普通でしょう。

それまでの模試の平均的な偏差値より５高い学校を「チャレンジ校」として受け、平均偏差値近辺の学校を複数受験し、さらに平均より５～10程度低い学校を「抑え」（滑り止め）として受ける、という形になることが多いはずです。

100％無理だろうと思っていても、「記念受験」と称して志望だった超難関校を受ける人もいないわけではありません。また、「ぜんぶ不合格」というショックをやわらげるために、まったく行くつもりがない、非常に偏差値が低い学校を受けることもあります。本番に慣れるために、１月に入試を実施する中学を受けてみることもよくあります。

塾側は「ここまで勉強してきたご褒美に、なんとかひとつは合格をとらせてあげましょう」と、偏差値に差のある中学もすすめてきます。ただ、実際にそこしか受からなかった場合、そのまま入学するケースが非常に多いです。塾側としても、「ずっと塾で指導を受けたのに、１校も受からなかった」という非難、クレームを受けずにすみます。どう考えるかはご家族やお子さんによって差があるでしょうが、塾の意見をなんでも鵜呑みにする必要はありません。

だいたい９月ごろには、「早稲田中学に行けると一番いいな。でもちょっと無理かもしれない。その場合は芝中学あたりかな」などと、子供も具体的に考えているはずです。

しかし、９月の段階で各中学の過去問を集中的にする必要はまだありません。一番行きたい「ゴール」をなんとなく定めていれば十分です。

過去問対策はいつから始めるか？

入試問題にクセのない学校の対策は11月以降からで大丈夫ですが、記述問題や試行錯誤型の問題が多いなど、はっきりしたクセのある中学校を受ける場合は、もっと早めに始める必要があります。たとえば、早稲田中学、東邦中学は必ず「速さ」の問題が最後に出ます。それも、ダイヤグラムを使うかなり面倒なものです。

この問題は、だいたい小問４つで構成されます。（１）～（４）のうち、（１）は比較的やさしいので、これはしっかり受験の前に理解して取りこぼさないようにします。逆に（４）の問題を解ける可能性が低いと感じたら、じっと考え続けて時間がなくなる前にあきらめてしまうのも手です。必要なのは合格点をとることで、満点をとることではないのですから。

塾の志望校別対策は、授業で全中学に個別に対応できるわけではありません。最難関中だと、「開成」「麻布」「早稲田」「慶応」「桜蔭」「女子学院」「雙葉」と、それぞれコースがあったりしますが、中堅クラス以下は偏差値で輪切りしたクラスだけ。過去問も、日曜特訓のクラスで使うテキストなどが単元ごとに割り振られているという程度です。

自分が受験する中学については、必ず過去５年分の入試問題を取り寄せて、入試と同じ時間で取り組みます。過去問は数社から出版されているので、一般書店やネット書店で入手することが可能です。

過去問は実際の試験と同じ時間を使って取り組みます。過去問をやってみて、12月末時点でまったく合格点に届かないという場合は、そこからがんばっても合格に届くことはまれです。ここで届いていればかなり可能性が高いですが、そういう子でも９月に同じ問題をやらせると合格点には届きません。

受験は６年生の９月〜12月が勝負で、この時期にかなり力が伸びるということです。ここでいう「力」とは、学力ではなく得点する力です。いま持っている学力を、テスト問題を解くときに利用できる力とも言えます。

直前期は「理解があいまいな問題」を

「今はどの問題をやるべきか」と迷ったとき、12月の時点で役に立つのは過去のテキストです。実際に塾の授業で説明を聞いたとき、自分で復習したとき、「○」（よくわかった）、「△」（だいたいわかったけど、ややあいまい）、「×」（ぜんぜんわからなかった）とランクをつけて、その中で「×」が12月になっても同じようだったら、そこには手をつけず「△」を先にやり直します。

私はいつも、塾のテキスト、宿題などは小問題ごとにこの「○△×」のマークをつけて、△を集中的にまず復習し、次にお母さんは△の問題を子供に説明させて生徒役で聞く、という方法をおすすめしています。

この方法だと、あとでテキストを見直したとき、「いつの段階であいまいだったのか」がはっきりわかります。つまずいた場所、対策すべき場所、もともと苦手だった問題、がよく見えるのです。

もちろんテスト直しのときも「○」（直したとき深く納得できた）、「△」（直したけど少しあいまい）、「×」（説明してもらったけど、まったく解き直しできなかった）に分類しておくと、「テスト直し」をあとで見直せるので大変便利です。

入試が近いと焦りすぎて、問題の難易度も判断できないまま難しい問題をやろうとする子もいます。そして解けなくてまた焦る。この時期は塾でやっていないものに挑戦するより、あいまいなものを固めるべきだということを、お母さん自身も知っておいてください。

睡眠時間は必ず7時間以上

中学受験の直前になっても、睡眠時間は必ず７時間を確保させてください。子供自身が「終わらないからまだやる」と言い張っていても、それ以上は効率が落ちるだけですし、身体に悪い。ここは、特にお母さんがしっかり管理してあげましょう。

そもそも課題や宿題、山のようなテキスト、それらを全部終わらせることなど無理です。塾に行き始めた段階から必要ですが、最終段階では優先順位をつけることがさらに大切です。

入試直前の勉強で必要なのは、「本番で今やった問題とそっくりなものが出たら、絶対解けるようにするぞ」という心構えです。焦って問題をやっていると、せっかく本番でそのまま出ても解けないことになります。「20問いい加減にやるより、10問を確実に」としっかり伝えてあげましょう。

「これだけやれば大丈夫だよ」「これ以上やったら、せっかく覚えたことを忘れちゃうよ」「ちゃんと寝ないと頭に定着しないんだよ」と声をかけて、ゆっくり寝かせてください。

親はつられてピリピリしない

直前期は、どんな親も子供もやはり少し普通ではない精神状態になります。どれだけのんびりした親御さん、どれだけ自信満々な子供でも、程度の差はあれ心配や不安、逆に高揚感が高まってピリピリします。

男の子の場合、ピリピリというよりドタバタしていることが多く、小6の二学期あたりに、なぜか骨折する子もいます。元気で明るいタイプの子供でも、どこかで不安があるためか、注意力が散漫になってしまうのでしょう。不安を紛らわせたくて学校で友達とバタバタ駆け回ったりふざけたりして、ケガをする子が少なくありません。

女の子の場合、お腹が痛くなるという子は多くいます。中には、明るく振る舞っているようでも円形脱毛症になる子すらいます。この場合はかなり不安が強いと見ていいですから、お母さん自身がまず落ち着いてリラックスし、時間の使い方を見直したり、塾の先生と志望校などに無理がないか話したりしましょう。

「もし合格できなかったら」と心配しているようなら、これまでの努力を思い出させ、ねぎらいの言葉とともに、合格可能性が十分あることを明るく話してあげてください。そして、何も心配ないこと、チャレンジが失敗したとしてもチャンスはいくらでもあること、今やっていることは何もムダにならないことを伝えてあげます。

不安感が高まりすぎて不眠気味になっているようなら、完全な休みをつくって、のんびり遊ばせる日をつくってもいいかもしれません。

4
章

子供は算数の“ここ”で必ずつまずく

なぜ「割合」と「比」で苦戦する子が多いのか

５年生の算数でつまずくポイントは、まず「割合」でしょう。割合の問題とは、たとえば次のような問題です。

［問題A］ りんごは１個50円、みかんは１個25円です。りんごの値段を元にして、みかんの値段を小数と分数で表しなさい。

［問題Ｂ］ 去年庭の木からりんごが25個とれました。今年は去年の0.6倍のりんごがとれました。今年とれたりんごはいくつでしょう。

［問題Ｃ］ リボン全体の長さの$\frac{4}{5}$は20cmです。リボン全体の長さは何cmでしょうか。

いずれも、「もとにする量」「くらべる量」「割合」の関係から解く問題です。問題Aは「割合」、問題Bは「くらべる量」、問題Cは「もとにする量」をそれぞれ求めます。

割合＝くらべる量÷もとにする量
くらべる量＝もとにする量×割合
もとにする量＝くらべる量÷割合

この問題は上の式を知っていれば解けますが、よく「くもわのてんとう虫」で説明されます（または「ひきわのてんとう虫」）。求めたい数、つまりわかっていない数を指で隠せば、残ったふたつの数字をどう計算すればいいのかわかるようになっています。

く＝くらべる数（ひ＝比較）
も＝もとにする数（き＝基準）
わ＝割合（わ＝割合）

わ＝$\frac{く}{も}$＝く÷も
く＝も×わ
も＝$\frac{く}{わ}$＝く÷わ

または

◎「わ」＝$\frac{「く」}{「も」}$＝「く」÷「も」の説明
「わ」のところをかくします。そうすると

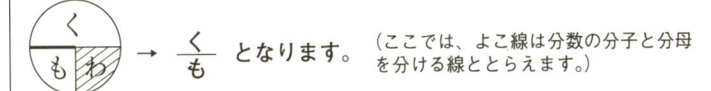

→ $\frac{く}{も}$ となります。（ここでは、よこ線は分数の分子と分母を分ける線ととらえます。）

◎「く」＝「も」×「わ」の説明
「く」のところをかくします。

→ も｜わとなります。（ここでは、たて線を×（かける）ととらえます。）

◎「も」＝$\frac{「く」}{「わ」}$＝「く」÷「わ」の説明
「も」のところをかくします。

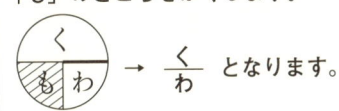

→ $\frac{く}{わ}$ となります。

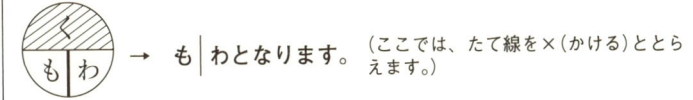

このふたつの図はなんとなく便利そうに見えますが、どちらもあまりおすすめできません。これだけ機械的に覚えてしまうと、少し高度な問題が出てきたときにかえって混乱する元になるからです。

まず割合について。「□gの20%は100ｇ」ということがわかっていて「□」を求めたい場合、「□がもとにする数で、20%が割合、100ｇはくらべる数だから、『も＝く÷わ』で、『100÷0.2』を計算すればいいんだな」と考えるのはあまりおすすめしません。

むしろ、「割合というのは○倍のことだ」と考え、「□の20%は100ｇ」をそのまま「□×0.2=100」というかけ算の式に持ち込んで考えるほうがいいです。その式を頭においたうえで、「100÷0.2」を考えるのです。

多くの塾では、「基準量＝比較量÷割合だから…」と教えますが、割合の基礎部分の理解がないまま進んでしまうと、なぜわり算になるのかがわからないままになってしまいます。

子供にとってはわり算よりかけ算のほうが理解しやすいものです。「てんとう虫の図」のどこに何が当てはまるのか、何を何で割ればいいのかを考えるより、「基準量×割合＝比較量」というかけ算を先によく理解し、基準量の0.2倍という大きさが結果である「比較量」なのだ、という感覚を身につけるほうがいいです。

ここを飛ばして図で覚えると、必ずつまずいてしまいます。機械的な利用の仕方ではなく、理屈がわかったうえで図を利用するようにしてください。

もし割合がどうしても苦手だという子には、「最後の手段」として「”のがけ”で覚えろ」と教えることがあります。つまり「□gの20%は100g」と出てきたら、「□gの」の「の」に注目しなさい、という教え方です。

とにかく「□の」ときたら、これを「□×」に書き換えるように教えるわけです。その後に、0.2と書いて計算させるわけですが、これは日本語の助詞が変わってしまうともちろん使えませんし、基本問題以外には応用がききません。

面積図はいろいろな問題に使える

速さについてもこれに似た表で「はじきのてんとう虫」というのもあります。

これもよく使われますが、理屈がわからないうちからこれだけに頼るのはよくありません。むしろ、速さの問題は面積図で考えたほうがずっといいです。

「速さ×時間＝距離」を基本に、このかけ算を図式にしたものが面積図になります。たての長さが速さ、よこの長さが時間、たて×よこの面積が進んだ距離です。

◎以前の求め方

◎現在の求め方

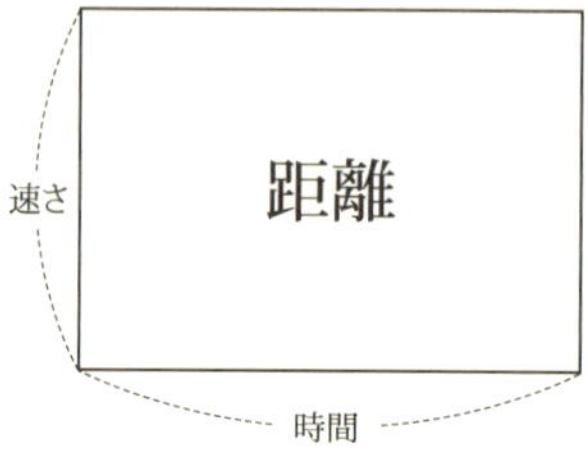

おそらく、塾では面積図を使う解法を指導します。これは「はじき」の図と違い非常に応用範囲が広いので、ぜひ身につけさせてください。ただ、これも機械的に四角を描けばいいわけではなく、理屈をきちんと理解する必要があります。

もうひとつ、速さの問題のつまずきの原因として大きいのが「時間計算」です。時間の計算が正確にできないまま５年生になっている場合も少なくないので、これに気づいたら早急にやり直す必要があります。「時速20kmで15分進むと、何km進む？」という問題の場合は、15分を時間に換算する必要がありますが、これに不慣れだと速さの応用問題でつまずいてしまいます。

こうしたことは、「12分＝$\frac{1}{5}$時間」とか、「$\frac{1}{4}$時間は15分」ということが感覚的に身体でわかっているかどうかが大きく影響します。５年生でも「15分は何時間？」と聞くと、「15÷60」の計算をして、せっせと約分しないと「$\frac{1}{4}$」に行きつけない子がいます。アナログの時計を小さいころから見慣れていれば、15分と聞いただけで、「４分の１」「90度」だと頭に浮かぶはずです。こうした感覚は、時計算に大きな関係があります。

> **いま午後2時です。次に長針と短針の角度が90度になるのは何時何分ですか？**

このような問題で、２時の段階では短針が長針より60度進んでいます。しかし、途中で長針が短針を追い越して、その後90度になります。つまり、長針は12時から２時までの60度、さらに90度を合わせた150度だけ、短針よりもよけいに動きます。長針は１分に６度、短針は１分に0.5度動くので、長針は１分間に5.5度、短針より多く動きます。つまり、150を5.5で割れば答えが出ることになります（答えは、割りきれないので「$\frac{300}{11}$分（$27\frac{3}{11}$分）」。

この問題は、実物の時計で短針と長針が動く様子を思い浮かべるという基礎的な経験と、時間を分数でとらえて計算できる「時間計算」がわかっている必要があります。

速さの計算でも、時速を「分速」に換算して計算をするクセのついた子もいます。たとえば時速$\frac{6}{5}$kmという場合、このままだと計算できないため$\frac{6}{5}$km=1.2km=1200mとして、さらに60

で割り「分速20m」として計算しようとします。ところが、時速200kmであれば、割りきれなくて困ってしまいます。

割りきれない数を分数のままで扱うことに慣れていないと、そこがつまずきの元になることもあるわけです。

図の書き方にもルールがある

先ほどご紹介した文章題を「図」で考える解法は、旅人算、通過算、流水算、時計算などさまざまな問題で使われ、いずれも自分で図を描かなければなりません。

〔例題〕
2地点A、B間の距離は52kmです。はじめ4人はタクシーで、4人は徒歩で、同時にAを出発し、Bに向かいます。タクシーの4人は途中の地点Cでおりて徒歩でBに向かいます。タクシーはCから、来た道をひき返して徒歩の4人をむかえに行き、出会った地点でタクシーに乗せ再びBに向かい、8人同時にBに到着しました。徒歩は毎時4km、タクシーは毎時40kmの速さとすると、Aを出発し、Bに到着するまでの所要時間は何時間何分ですか。 (灘中)

まず、動きをダイヤグラムに書きます。

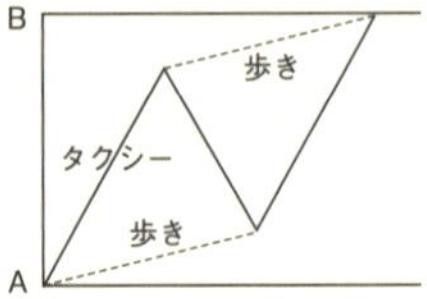

このダイヤグラムから気づくことは、グレーの四角形が平行四辺形だということです。そうすると、2つのグループが歩いた距離が同じであることに気づきます。

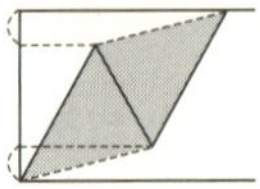

ここで、徒歩とタクシーの速さの比は4km/時：40km/時＝1：10です。このダイヤグラムをたての線分図に書き直してみると、右の図になります。

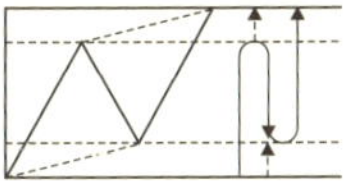

：＝⑩：①ですから、その数字を図の中に書き込むと

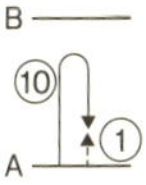

そして、タクシーをおりてから歩いた距離も①ですから、AからBまでの距離は

$\frac{⑩+①}{2}$＋①＝(6.5)です。

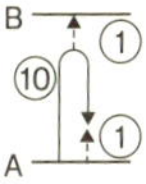

この(6.5)は52kmとなります。

タクシーは⑩＋(5.5)＝(15.5)走りました。

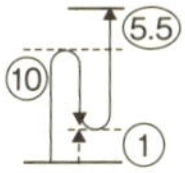

(6.5)…52km

(15.5)…$52\times\frac{15.5}{6.5}$＝124（km）

タクシーは40km/時ですから、かかった時間は

$124\div40=\frac{124}{40}=\frac{31}{10}=3\frac{1}{10}$（時間）

＝3時間6分です。

（答え）3時間6分

〔例題〕

時速162kmの列車があるトンネルを走りぬけたとき、まったくかくれていた時間は38秒でした。また、この列車が同じ時速である鉄橋をわたりはじめてからわたり終わるまでに28秒かかりました。トンネルの長さは、鉄橋の長さの2倍より90m長いそうです。列車の速さは一定であるとして、次の問いに答えなさい。　（学習院中等部）

(1) この列車が28秒で進む距離は何mですか。

(2) 列車の長さは何mですか。

(1) 時速162kmは秒速45m（162000〔m〕÷3600〔秒〕）ですから

45×28＝1260（m）

（答え）1260m

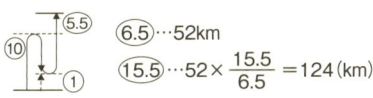

これを通常の通過算の図に書いてみると、

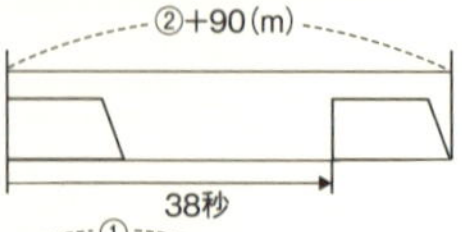

これでは何もわかりません。

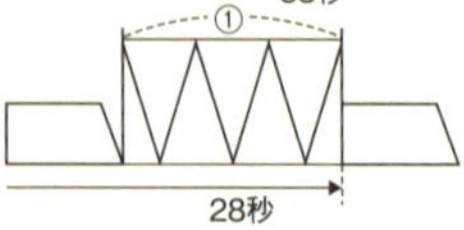

そこで、トンネルと鉄橋をくっつけてみましょう。トンネルを出たら、すぐに鉄橋というわけです。

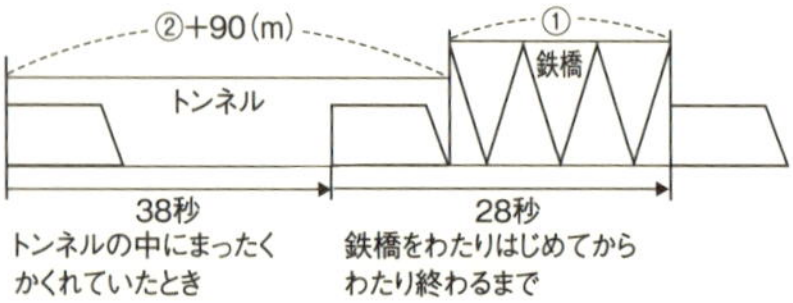

ここに、列車の最後尾が動いた距離を矢印で書いてみましょう。

この図から、列車の動いた距離の和がトンネルと鉄橋の長さの和と等しいことがわかります。
列車は秒速45mで38＋28＝66秒かかって②＋90(m)＋①＝③＋90(m)走ったことになります。

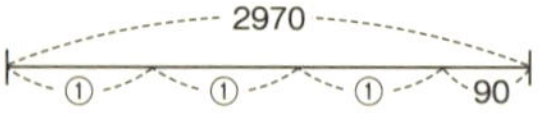

45×66＝2970(m)…③＋90m
①＝(2970－90)÷3＝960(m)

(2)は、上の図から、28秒間に進む距離から①を引けばよいことがわかります。
1260－960＝300(m)

(答え) 300m

〔例題〕
ある川にそって、16km離れたA、B2つの町があります。このＡＢ間を往復する船の、上りにかかる時間は下りにかかる時間の2倍です。この船の静水での速さは毎時6kmです。
ＡＢ間を、この船は何時間で往復しますか。　**（明治大付属中野中）**

「上りにかかる時間は下りにかかる時間の２倍」から、
「上りの速さは、下りの速さの$\frac{1}{2}$倍」であることがわかります。
上りの速さを①とすると、下りの速さが②となります。
ここで線分図です。

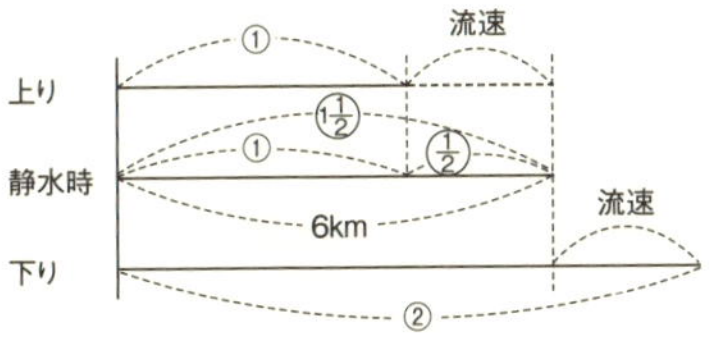

この線分図から
②と①の差は、流速の2倍であることがわかります。
(②−①)÷2=◯$\frac{1}{2}$
静水時の速さは◯1$\frac{1}{2}$になり、これが6km/時です。

(上りの速さ)①=6÷1$\frac{1}{2}$=4(km/時)
(下りの速さ)②=4×2=8(km/時)になります。
往復にかかる時間は、16(km)÷4(km/時)+16(km)÷8(km/時)=4+2=6(時間)です。

(答え) 6時間

〔例題〕

三郎君が6時前に時計を見てからすぐに家を出て、用事をすませ、9時すぎに家に帰ってすぐに時計を見たところ、時計の長針と短針の位置が入れかわっていました。家を出たのは5時何分何秒でしたか。秒未満を四捨五入して答えなさい。 (芝中)

まず、1つの時計の絵の中に、出かけた時刻と帰ってきた時刻の長針と短針を書き込みます。

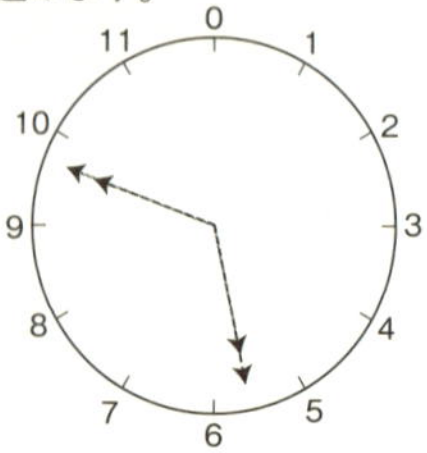

この図の中に、針の動きを書き込んでいきます。

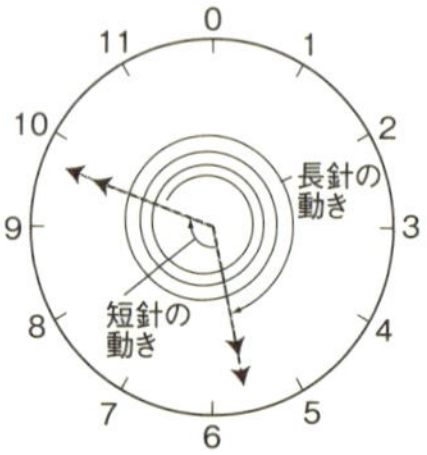

この図をしっかりと見ると、短針が動いた矢印と長針が動いた矢印を合わせると、ちょうど4周分あることに気がつきます。
そして、短針は1分間に0.5°長針は1分間に6°動きますから、
動く速さの比は1：12です。

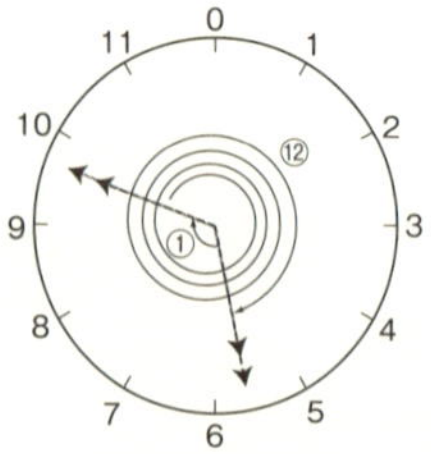

この①＋⑫＝⑬は、360°の4倍になります。
⑬…$360\times4=1440^\circ$
ですから①は$\frac{1440^\circ}{13}$となります。
あと少しで6時(長針と短針の角度つくるが180°)になりますから、6時の状態(180°)より両針の作る角度が$180-\frac{1440^\circ}{13}$小さいことになります。
長針と短針は1分すぎる毎に$6-0.5=5.5^\circ$ずつ開いていきます。ですから、6時から1分前にもどるごとに5.5°ずつ小さくなります。

出発した時刻は、6時よりも$\left(180-\frac{1440^\circ}{13}\right)\div5.5$(分)だけ前だったことになります。
これを計算すると、$\frac{900}{13\times5.5}=\frac{1800}{13\times11}=12\frac{84}{143}$(分)となります。
6時$-12\frac{84}{143}$分＝5時$47\frac{59}{143}$分
$\frac{59}{143}$分は、$\frac{59}{143}\times60$≒24.7秒ですから5時47分25秒です。

(答え) 47分25秒

文章を読んでそれを図解する作業ができないと、これらの問題はまず解けません。まずは、図をきちんと描けるかどうかが大きなポイント。問題が単純なうちに、コツをしっかりつかませてください。単純な問題は図を描かなくても解ける場合があると思いますが、そういうときこそしっかり正確な図の描き方を身につけるべきです。

まず、直線をまっすぐに引く、図の中に書き込む文字や数字はけっして読み間違えないようきれいに書く、どこの長さを指す数字なのかがわかるような位置に書く、といったことをしっかり身につけるようにします。そして、図にはそれぞれの特徴に合わせた描き方があります。次のようなことがポイントです。

・旅人算の場合、同じ時刻は同じ印で表す
・通過算の矢印は「先頭から先頭まで」「最後尾から最後尾まで」という起点、終点を正確に
・流水算は線分をていねいに、平行に描く
・時計算は長針、短針をわかりやすく区別して描く

こうしたことは、塾の先生が板書するものを正確にマネしてノートに書くことで覚えます。それができたら、基本的な問題を、図をていねいに描いて解くことから始めて、順を追ってだんだん難しい問題にレベルアップさせてください。

“書き写す力”が求められる

図といえば、もうひとつ大事なのが図形の問題です。これも文章題と同じように、自分で図を描けるかどうかが難易度にかかわらず大きなポイントになります。

設問に図が添えられていることは多いですが、その中にやたらに補助線を引いてぐちゃぐちゃになることもよくあります。

図を描き写すのは慣れの部分が大きいので、苦手な子には、まずノートに単純な図形問題の図形を拡大して書き写すことから練習させてください。きれいに書くといっても、定規やコンパスを最初から使うのではなく、まずはできるだけフリーハンドで「それらしい図形」をおおまかに描く練習をします。角度も、「30度」「45度」を「なんとなくこのくらい」で書ければOK。むしろその感覚が大事です。図形の特徴をおおまかにとらえて、ノートに描けるようにしましょう。これができないうちに、いきなり定規を持ちだしてもうまくいきません。図形問題を解く場合に定規やコンパス、分度器は不要です。

これができるようになってから、角度の問題については、問われている角度が何度なのかを正確に理由をつけて考えるようにします。描いた図を眺めて、「なんとなく30度」とか「なんとなく二等辺三角形っぽい」ではなく、なぜ30度なのか、なぜこことここの角度は等しいのか、「なぜ」と理詰めで順に考えることが大事です。

三角形が回転しても面積を出せるか

もうひとつのつまずきの典型例は、三角形の面積です。もちろん「底辺×高さ÷２」で求められるのですが、底辺が図の下方向にあると解けるのに、図の上のほうにあると解けないということがよくあります。

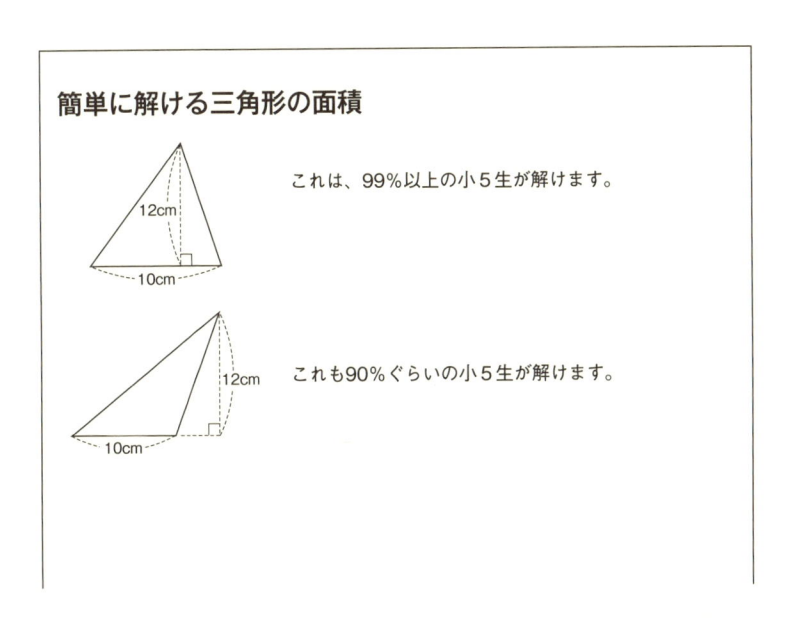

簡単に解ける三角形の面積

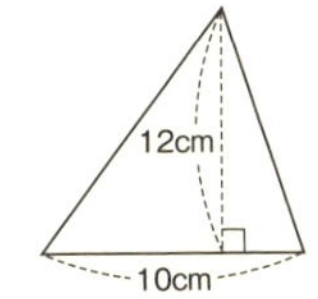

これは、99%以上の小５生が解けます。

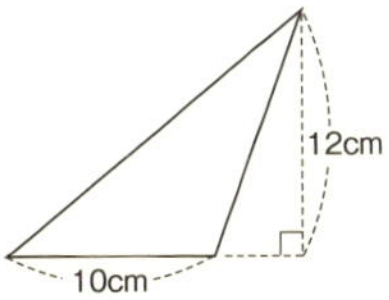

これも90%ぐらいの小５生が解けます。

なぜか解けない三角形の面積

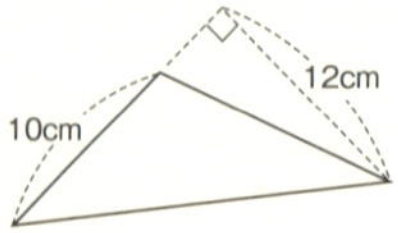

こうなると、急に正解が減って60％ぐらいです。

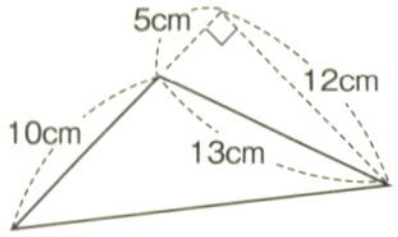

このように余分な長さが書かれていると、ますます正解が減って50％ぐらいです。

もうひとつ、「三角形の向きが変わる」と外角定理がわからなくなってしまい、角度の問題でつまずくことがあります。

タングラムで遊んだ子は図形問題が得意

中学受験の三角形の角度の問題は、多くが「外角定理」（外角定理という言葉を習わないこともあります）を使います。たとえば、次のような問題は一見難しそうですが、実はそれほどではありません。

〔例題A〕
AB＝BC＝CD＝DE＝EFです。∠BACが12°のときxの角度を求めなさい。

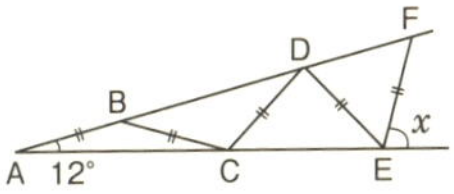

これも70％ぐらいの小５生が解けます。

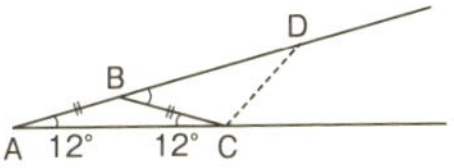

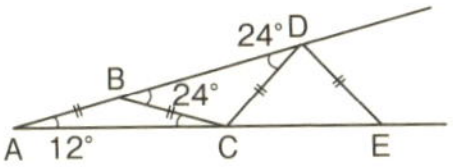

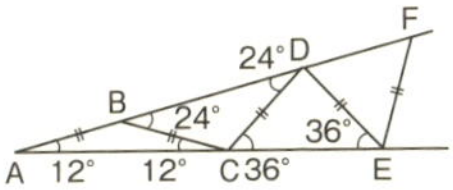

ここで外角の定理（外角＝内対角の和）を使います。塾によっては、「スリッパ」という言い方で教えています。これを使って、∠DBC＝12＋12＝24°
そうすると、∠BDC＝24°となります。
この後、∠DCEを外角の定理を間違って使ってしまって、24＋24＝48°とする子どもが頻出します。
∠DCEは三角形ACDの外角ですから、
12＋24＝36°となります。そうすると∠DEC＝36°
∠FDEは三角形ADEの外角ですから、
12＋36＝48°　そうすると∠DFEも48°
xは、三角形EAFの外角ですから、
12＋48＝60°となります。

（答え）60°

〔例題B〕

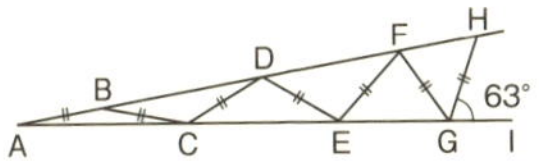

左の図において、AB＝BC＝CD＝DE＝EF＝FG＝GHです。∠HGIが63°のとき、∠BACは何度でしょう。

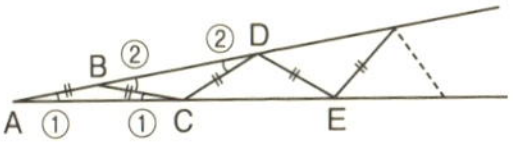

∠BACの角度を①とすると、∠BCAも①、そうすると∠DBCは②となります。
そうすると∠BDCも②です。
次に∠DCEを考えますが、これは三角形DACの外角ですから、①＋②＝③

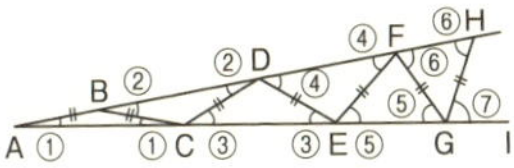

これをくり返していくと、①・①・②・②・③・③…⑦となります。
⑦は63°ですから、
①は63°÷7＝9°となります。

（答え）9°

このような問題では、角度が順に①①②②③③④④…となることを覚えるだけでなく、なぜそうなるのかという納得感があると、より難しい問題も解けるようになります。

公式のもとになる考え方を理解しているか

「割合」と「比」の違いがわからなくなって、混乱することもよくあります。

「AはBの$\frac{3}{5}$」というとき、
割合　AはBの$\frac{3}{5}$倍
比　A：Bは3：5

このふたつは別のものだと認識して、問題に応じて使い分けなければなりません。

3：5＝7：□

この問題で□を求める場合、比例の公式である「内項の積＝外項の積」を使って、次のようになります。

3×□＝5×7
□＝$\frac{35}{3}$＝11$\frac{2}{3}$

それとは別に、「3：5＝7：□」を前項同士、後項同士で比べてみて、3は$\frac{7}{3}$倍されて7になった。だから後項の5も$\frac{7}{3}$倍すればよいのだからと、次のように考えられるようになっていなければなりません。

$$3:5=7:\square \quad (3 \xrightarrow{\times\frac{7}{3}} 7,\ 5 \xrightarrow{\times\frac{7}{3}} \square)$$

$$5\times\frac{7}{3}=11\frac{2}{3}$$

この感覚をもつと、算数はグンと伸びます。

理解が増えると暗記すべきことが減る

5年生、6年生で算数が伸びるのは、「覚えることを少なくして、理解すべきことを増やす勉強」ができている子です。

こうした習慣をつけるためには、親が「早くやりなさい」「がんばってもう1ページやりなさい」「宿題は早く全部終わらせなさい」などというセリフをできるだけ言わないことです。そのかわり、「どうしてそうなるのか教えて」「どうやって考えればいいの？」と、いつも問いかけることです。「ここはどうして同じ長さなの？」「こっちとこっちはなぜ30度になるの？」「どうしてAはBの3倍ってわかったの？」と問いかけます。そうして説明してもらう機会を増やせば、それは何よりも素晴らしい復習になります。しかも記憶が定着し、思考法も整理できる。遠回りをしていた部分があっても、そこを削ぎ落とすことができるのです。

理解できることが増えると、暗記しなくてはいけないことは減っていきます。それを実感すると、子供は納得して勉強すればあとはあまり覚える必要がないことに気づきます。すると算数が好きになり、その面白さに気づくでしょう。それが算数の成績を伸ばす一番の早道です。

実は、中学入試問題を解くための基礎となる単元は、ほとんどの塾で５年生のうちに一応全部終わってしまいます。速さ、割合、比といった部分でつまずいた場合、漫然と今の塾のカリキュラムの中で「がんばれ」「もっと問題をやろう」と励ましてもリカバーするのは難しいです。

まず、お母さんのほうが落ち着いて、どこでつまずいているのかをしっかり見極めてください。そのためには、まず例題の解き方を説明させてみてください。それがきちんとできていない場合は、いくら演習問題を繰り返しても意味がないので、早急に個別指導塾を利用する、家庭教師の応援を頼むなどの対策が必要です。補助的な対策をいそいで打てば、手遅れだとあきらめる必要はありません。

5章

まだ遅くない!
ミスを減らす
基礎固めの方法

算数の楽しさを
どれだけ伝えられるか

どんなに難しい中学受験の問題も、小学校低学年から中学年にかけての算数がすべての土台です。この土台に、中学受験の算数が積み上がり、中学受験をしない場合の小学校高学年の授業が続き、それは中学、高校の数学につながっていきます。

どんな進路を選ぶとしても、１～４年の算数は、学校の教科書の内容を納得して「わかった」うえで、無理のない範囲で、自宅で宿題以外の問題集、そして理想を言えば毎日10分でも計算練習を行うのが最適です。

早期英才教育や先取り学習の塾、低学年からの中学受験対策塾に通わせる必要はありません。むしろそうしたことで低学年から勉強ぎらい、算数ぎらいにしてしまうことも多いのです。

ここからは「中学受験」も視野に入れた、低学年からの算数学習ついて考えていきます。

１年生の算数の教科書はカラフルで、本当に楽しそうに見えます。お道具箱の中にはきれいなおはじきやカラーバー、カード、透明な定規も入っている。お母さんは苦労して、小さなおはじき一つひとつに名前をつけてあげたことでしょう。

「これから、こんな道具でいろんなことを覚えて、難しい問題だってどんどん解けるようになるんだ。楽しそうだなあ」。そうした気持ちのままで、子供が算数の勉強を続けられれば本当に素晴らしいことです。

たし算やひき算を知り、小数や分数について理解し、さらに複雑ななぞなぞのような文章題に挑戦し、「わかった！」「できた！」と思うたびに、「もっと解きたい」「もっと面白い問題をやりたい」「難しい問題にチャレンジしたい」と思うようになります。

それこそが、算数の本来の面白さ、楽しさです。

でも、どれだけの子供たちがその本当の楽しさを知っているでしょうか。ワクワクしてフタを開いたお道具箱が少しずつ乱雑になり、おはじきは4分の1ぐらい行方不明。学年が上がるにつれ、いつのまにか「算数は苦手」「計算はきらい」「文章題はもっときらい」という声が多くなってしまいます。

お母さんのほうも、「私も子供のころ算数は苦手だったし、しょうがない」「最近の算数は昔より難しいみたい」「算数の宿題は私が見てもサッパリわからないから」となってしまうのです。「算数はパパが見てやってよ」といわれてお父さんが出動してきますが、「なんだか最近の算数はよくわかんないなぁ。xとyを使えばすぐ解けるけど……」などと逃げ腰に。

算数で苦戦する子は本当にたくさんいます。算数が苦手なせいで、勉強そのものが好きでなくなる場合もあります。

しかし、先ほど書いた通り、本来算数はとても楽しいものです。問題が解けた、理解できたというときの快感は、ほかの教科では味わえないほどです。そのうれしさや楽しさを知る前に、算数が苦手になってしまう子が多いのはなぜなのでしょうか。

“納得感”が算数を伸ばす大切なポイント

それには理由があります。

算数を学んでいくなかで非常に大切なポイントがいくつかあるのですが、そこで深く納得しないまま次に進んでしまう子が多いことが挙げられます。小学校低学年の算数は、難しい問題をたくさん解く必要はありません。算数という勉強の「仕組み」をよく理解することが重要なのです。

たとえば、「繰り上がりのあるたし算」。一の位と十の位の数字が単に「となり合った数字」としか思えていないうちにたし算やひき算をしてしまうと、次々に「苦手の芽」が増えてしまいます。そもそも「繰り上がり」とはいったい何のことか。十の位というのはどんなものか？　ひき算のとき、「となりから１繰り下がる」とはどういう意味なのか？　それが次々にわからなくなってしまいます。また、分数とは何か？　かけ算の答えは数が大きくなるはずなのに、なぜ小数のかけ算は数が小さくなってしまうのか？

実は、こうしたことは小学校１年生、もしくはそれ以前の経験も含めて身体で納得し、それを積み重ねていくことが一番大切なのです。

深く納得していないままでも、最初のうちはどうにか答えを出せます。「16＋８」「12－７」という問題は、繰り上がりや繰り下がりの意味がわからなくても、指を折って数えれば正解は出せます。「４×0.3」という問題も、「なぜ、かけ算なのに答えが４より小さくなるのか」などと考えなくても、「３×0.4」という例題をやった直後なら正解を出せるでしょう。「３の段の九九ができればあとは点をつけるだけだから、カンタン、カンタン！」。例題に続くいくつかの練習問題がだいたいできたあたりで、「この単元はできた！」と思ってしまうのが一番危ないのです。教科書で次の単元は「時計」だったり「図形」だったりします。すると、「もう繰り下がりのひき算、小数のかけ算は終わった」と思ってしまいがちです。

しかし、当然ながら繰り上がりのたし算も繰り下がりの引き算も、小数のかけ算も終わったわけではありません。

小学校高学年に至るまで、これらは何度も繰り返し、しかも難易度を上げながら登場します。それも計算問題としてではなく、図形問題、文章題の中にも出てきます。すると、すべての単元が少しずつ苦手になっていってしまうのです。

教科書も年々難しくなってきている

小学校低学年の算数は、答えが合っていたというだけではまったく意味がありません。「なぜその答えになるのか」「どうやって解いたのか」を自分で説明できるところまで納得できているか。これが最大の目的であり、一番大事なことなのです。

言葉だけでは理解しにくいものを身体感覚で理解させたいからこそ、おはじきなど各種の道具が用意されています。

最近の算数の教科書をよく見ていただくとわかりますが、見た目は昔よりやさしく感じるかもしれません。つまり、計算問題がずらずらと並んでいるようなものではなく、中学年、高学年になってもイラストが多く、しかも図で計算方法、文章題の解法について説明している部分もかなりあります。

なんとなく簡単そうにも見えますが、けっして内容が簡単になっているわけではなく、「なぜそうなるのか」「なぜそういう筆算をすると正解が出るのか」ということを、感覚で理解させようとしているのです。機械的な計算ではなく、もっと本質的な概念を少しずつでも着実に理解させ、高度な問題にも自分自身で試行錯誤しながら取り組む力を育てよう、という意図です。
「ゆとり教育」の時代の反省から、現在の教科書は非常に充実しています。今の算数は、お父さん、お母さんの世代の教え方とはまったく違う方法で教えられているのです。このことについては、ぜひお父さん、お母さんも理解しておいてください。

答えが合っているだけでは不十分

それだけていねいに教えられているのなら、なぜ多くの子供がやがて「算数ぎらい」「算数は苦手」になってしまうのでしょうか？　疑問に感じられる方も多いでしょう。

その理由はさまざまですが、まずこうした指導自体が非常に難しい、ということが挙げられます。社会や理科は起こっている現象を解説するものですが、算数は「なぜそうなるのか」「どうしてそうやって解くのか」を教室の子供たち全員に深く納得させる必要があり、それには高い技量が必要なのです。集団指導で「全員が確実にわかったかどうか」を確認することはまず不可能です。

そこで宿題が出るわけですが、小学校の宿題はほとんどの場合、「やってきたかどうか」が最も大事で、次に「答えが合っていること」。「理解して、納得して解いたかどうか」というところまで、先生が見きわめられないというのが現実です。

本来はここで親の出番なのですが、お父さん、お母さんの方も宿題はやってあることが大事で、答えが合っていればさらに安心という状態。ですから、子供が「実はしっかり理解できてはいないが、答えだけは合っている」とは、なかなか気づけないでしょう。

そのうちだんだん算数をイヤがるようになり、手も足も出なくなっていきかねないのです。

小学1年生は
数の概念から学ぶ

小学校1年生の算数の教科書は、本当にかわいらしい絵本のようですが、実はなかなか深いものが含まれています。

たとえば、ある算数の教科書の冒頭には、たぬきが5匹いる絵、そばに傘が6本ある絵が描いてあります。さて、ここでは何を教えてようとしているのでしょうか。

普通に大人が考えると、「数の数え方？」それとも「たぬきは1匹、傘は1本と数える、ということ？」と思うかもしれませんが、実は違います。ここで理解させたいのは、「たぬき」だろうが「傘」だろうが、その数は「数字」というもので表せるということ。ものが変化しても、数字は数字で変わらないということを理解させたいのです。

そのうえで、たぬきと傘を線で結ぶと１つあまるということをこの絵で示しています。これは、６－５＝１というひき算を教えているわけではなく、まずたぬきと傘を「１対１」のひと組として考えること、すると傘のほうがあまるということをまず納得させるのが目的です。それから、たぬきと傘をそれぞれ指差して数えます。

ここが抜け落ちていると「果物の個数」を扱う問題なら解けるのに、「人数」になるとなぜか解けない、というケースも出てきます。「１匹」と「１本」は、数としては同じなのだということがはっきり腑に落ちていなければなりません。

これには、生活体験が大きくかかわってきます。「お客さんが４人来るからお皿を並べておいて」「コップとお箸もみんなの分お願いね」と言ってすぐ反応できるか。

椅子が４つあるテーブルなら、子供はお皿を４枚数えることなく、椅子の前に１枚ずつ、お皿を並べていきます。そして箸は２本ずつ置いていく。こうした体験が実に大きいのです。箸は２本で１組、全部で４組だということも体験的に理解する。

おはじき遊びも、数を数えて並べるだけでなく「あと何個あれば10個になる？」とか、「赤のおはじきと、白のカードはどっちが多いかな？　どうやったら比べられる？」など、ひと工夫した遊び方をするといいでしょう。

おはじきを色別に分類して並べてみたり、比べてみたり、親子でゲームをして勝ったらおはじきをもらえる遊びをしたりして、最後に数を比べる。このような体験で身につくのと同じことを、この教科書は理解させようとしているのです。

また、「本」や「匹」などの助数詞や、数の数え方で混乱してしまう場合もあります。

日本語はなかなか厄介な言語です。幼児のころは「ひとつ　ふたつ　みっつ　よっつ」しか知らなかったのに、「１、２、３、４」が登場するし、かと思えば、たぬきは「いちひき」ではなく「いっぴき」で、傘は「しほん」ではなくて「よんほん」。「10」も「じゅう」だったり「とう」だったりと、本当に面倒です。

「10匹」は「じゅっぴき」ではなく、小学校だと「じっぴき」と読ませるのですが、このあたりで混乱してつまずいてしまう子もいます。これらも、学校で教えられるより、日常的にどれだけお父さんやお母さんと楽しい会話をしてきたか、ミニカーや怪獣、ぬいぐるみや人形を並べて遊んだり、動物園で動物の数を数えたり、買い物にいって野菜や果物を数えたりしてきたかという、日常体験が非常に大きくかかわります。

「3人」と「3番目」の違いを理解しているか

生徒10人が1列に並んでいます。前から3番目の子は後ろから何番目でしょうか？

機械的に「『10－3＝7』だから7番目」と答えるようでは先に進めません。あとで必ず大きくつまずくことになるので、いったん立ち止まってしっかり基礎を固め直しましょう。

「10－3」と考えてしまうのには、ふたつの理由があります。

ひとつは「～番目」という数え方が明確にわかっていない場合。ここがあやしいようだったら、「3人」と「3番目」は同じではないことをきちんと確認し、いろいろな例を挙げながら身につけさせてください。これは本来、幼稚園からの日常生活で知っておいてほしいことですが、小学校3～4年でもきちんと理解していない場合がよくあります。

「前から3番目」はわかっても、「前から2番目にいる赤い帽子をかぶった子より3人後ろはどの子かな？」と聞くと、よくわからなくなってしまう子供もめずらしくありません。つまり、赤い帽子の子を数えるか数えないかがわからなくなってしまうのです。

もうひとつは、文章を読んだときに図を書いて考える習慣がついていない場合。10人の生徒を1列に並べて実際に書いてみれば、「前から３番目の子供」は、後ろから数えると８番目で、「10－3」の答えより１多いことはすぐわかります。

こちらも、小学校入学以前からの日常的な体験や会話などで、すんなりわかる子と少し苦労する子の違いが出ます。

図を自分で描き写せるか

算数の文章題は、図解して考えることが非常に大切です。前項の「生徒が10人１列に並んでいます…」というような簡単な問題が初めて出てきたとき、しっかり習慣づけておきましょう。

理解があいまいだと感じたら、教科書に載っているものと同じ図を自分の手でノートに描かせてみてください。図を読み取り、よく理解するには自分で描いてみることが重要です。最初は、硬貨や小さい人形を実際に並べてやるのもいいでしょう。硬貨や人形を簡略化して、自分の手で「図」に描く感覚をつけていくのです。

その場合、ゆっくりでも線はまっすぐに、あとで見てもわかりやすく、どの問題の図なのかわかるように、といった基本が身につくようフォローしてあげてください。その際、鉛筆の持ち方やノートの位置、姿勢も必ず正しくなるように少しずつ直してあげましょう。

小学校低学年でここをきちんとしておかないと、あとあと非常に困ることになります。図形問題を拡大してノートにうまく描けない、計算問題で自分の書いた数字を読み間違える、テスト直しをしようとしたら自分の書いた式が読めない……。必ずこのようなことにつながっていきます。

正しい姿勢、正しい鉛筆の持ち方が早い時期に身についていると、学年が上がって難しい問題に長い時間取り組む場合でも手は疲れにくく、スピードを上げて書いても読みやすくなります。当然、計算ミスも減ります。

中学受験に挑戦する6年生で「計算ミスが多い」というお悩みに最も効果があるのは「字をていねいに書くこと」。しかし、これを6年生になって直すのは簡単ではありません。こうしたことほど、低学年のうちにじっくり身につけておいてください。

数字をていねいに書くだけで成績は伸びる

小学校で算数を習い始めたら、とにもかくにも数字をきちんと書けるようにしましょう。ここは絶対に侮らないように！
実はここをいい加減にやっていると、計算ミスの最大の原因になり、あとから直すのが非常に難しくなります。たとえば数字の「５」を、６年になっても中学に入っても一筆書きのように書く子もいれば、よこ棒を先に書く子もいます。「７」も一筆書きの子が多いし、「８」は雪だるまのように丸をふたつ重ねて書く子がけっこういるのです。

「漢字の書き順じゃないんだから、まあいいだろう」ではなく、きちんと教えてあげてください。自己流で、書きやすいように書くという習慣をけっしてつけないことです。これは鉛筆の持ち方と同様、あくまで基本に忠実にしましょう。結果的に、読み間違いなどを防ぐことにもなります。桁数の多い筆算をする場合も、きちんとした数字を同じ大きさで素早く書くためには、正しい書き方、書き順を身につけておくことが結局は早道です。

　気をつけていただきたいのは、「百ます計算」のようなタイプのものをやる場合です。早く片づけたい、スピードを上げたいということばかり考えて、数字を殴り書きするようでは意味がありません。答えは解答欄からはみ出さないように同じ大きさで、誰でも読める字を書けるようサポートしてください。ろくに読めないような字で、猛スピードで片づけているようだったら、答えが合っていてもやがて必ずつまずきます。

　学習は「どれだけやったか」より、「どのようにやったか」が大切。したがって、「早くやりなさい」「早く終わらせなさい」は禁句です。終わらせることより、合っていることより、「量が少なくても、ていねいにすること」を一番にほめてあげましょう。これはのちのち、大変な財産になります。

「5」をひとかたまりでとらえる感覚

１～５までの数を使って、数の概念そのものや「１対１」で対応させることなどを理解してから、６以上の数を扱うようになります。ここで一番大切なのは、「６」は「５の次」だけではなく、「５と１に分けられるもの」としてとらえることです。教科書を見ても、それを促すようなイラストや図が描かれています。頭の中で、常に５をひとかたまりとして考えることが大事です。

十進法と同様、とても大事なのがこの概念です。片手の指が５本ですから、「５」という単位は子供にとっても非常にわかりやすい数です。頭の中で「５」をひと組にして考えると、いろいろ便利だというわけです。こうした部分をていねいに教え、きちんと理解していくことが、算数の学び始めにはとても大切なのです。

「６は５と１だ」ということ、また「５は４と１に分けられる」「３と２に分けることもできる」ということを、「当たり前だからわからないはずはない」と思わないことです。

本来こうしたことは日常体験で身についているはずですが、必ずしもすべての子がしっかり理解しているとは限りません。お子さんが算数に取り組むようになったら、こうした部分はうんとていねいに見てあげてください。「あれ？」と思ったら、一緒に教科書を読みながら、算数セットを使い、一緒に遊ぶつもりで理解をサポートしてあげましょう。

そこをクリアすることで、10より大きい数の基本になる十進法の考え方、たし算、ひき算、さらに繰り上がり、繰り下がりなどの計算が非常にスムーズに学べます。

1年の2学期になれば「9＋3」といったたし算も出てきます。これを指折り数えず解くには、次のふたつがわかっていなければなりません。

① 9はあと1で10になること
② 3は1と2に分解できること

①と②から、このたし算の答えは、「10に2を加えた12」だと理解しなくてはならないのです。教科書では、「10個入る卵のパックに片方は9個、もうひとつのパックには3個の卵が入っている」というイラストで説明しています。

ここで教えたいのは「9＋3」というたし算の考え方なのですが、「9個入ってるパックは1つ空いている」わけで、そこに、「３個入りのパックから卵を１つ移す」という考え方をさせます。すると、片方のパックは１個増えて10個入りになり、もうひとつのパックは１個減って２個入りになります。卵を移動して「10個入り」と「２個入り」にしてしまえば、ひと目で「12個入り」ということがわかる。

卵を全部パックから出してしまって「１個、２個………９個、10個、11個、12個」と数えるよりずっと早いし、わかりやすいのです。

こうしたことを繰り返し、何度も習うことで子供は十進法を理解します。授業で初めてこのような経験に触れた場合、理解するのに少し時間がかかるかもしれません。だからこそ、小学校入学前、さらに入学後の低学年のうちは、早期教育や英才教育より、お母さんと一緒に買い物に行ったり、おはじきで遊んだりするような経験が大事なのです。

引き算の解き方も ひとつではない

[問題]
Aくんは35円もっています。19円買い物をしたら残りはいくら？
[式] 35 － 19 ＝ 16
[答え] 16円

非常にシンプルな問題ですが、この計算方法にはいくつもの考え方があります。

　まずひとつめは、

> 35−19＝35−(10＋9)＝35−10−9＝25−9＝25−(5＋4)＝25−5−4
> 　　　＝20−4＝16

とする方法。これは、以下のように35円を10円玉と1円玉15枚と考えて、そこから10円玉1枚と1円玉9枚をひくのと同じ考え方です。

> ⑩ ⑩　①①①①　①①①①①
> 　　　①①①①

　次に、35円を10円玉2枚、5円玉2枚、1円玉5枚と考えて、そこから19円をひく方法もあります。

> 35−19＝20＋15−(10＋9)＝20−10＋15−9＝10＋6＝16
> ⑩ ⑩ ⑤ ⑤ ① ① ① ① ①

　これ以外にも、

> 35−19＝20＋15−19＝20−19＋15＝1＋15＝16

という考え方もあります。これは、1円玉20個から19個取り除いてから、あまっていた15個を合わせる考え方です。

このような数のとらえ方は、机の前に座った勉強だけでなく、小銭を持って買いものをすることで鍛えられます。

字のていねいさが明暗を分ける

中学受験を目指して勉強している子供でも、計算間違いが多いケースはめずらしくありませんが、一番多いのがわり算の計算ミスです。間違えるポイントはふたつあって、ひとつめは「676÷26」という計算の場合、まず商の十の位に何が立つか、なかなかわからないようなケースです。67の中に26がいくつ入っているか概算できないのです。つまり、おおまかに「70÷30」だから「２ぐらいかな」、という見当をつける感覚が身についていないわけです。

そしてもうひとつは、わり算の筆算で最後のひき算を間違えるケース。実はこれはとても多いのです。たとえば「1050－265」というひき算をする場合、まず十の位から「１」借りてくることになるので、1050の十の位の「５」は「４」と書き直します。さらに、４から６を引く際には、百の位からも「１」を借りてくる。今度は「０」の上に「９」と書き、さらに千の位の「1」は消さなくてはならないわけですが、この段階の「ひき算の筆算」があいまいな子がとても多くいます。

ひき算の筆算は、桁が大きいと大人でもうっかりすれば間違えます。最近はスマホの電卓を使うことがほとんどでしょうから、なかなか筆算もしなくなりましたが、お子さんと一緒に「ひき算の筆算」を思い出してみてください。

繰り下がりがあった場合、「5を消して、4と書き直す」といった基本的なルールがわかっているか、適当に省略してしまっていないかをフォローしましょう。

筆算するときは「位」をきちんとたてに揃えて書くという基本を含め、ここでも大事なのはていねいにすることです。

線はまっすぐに、数字はていねいに。繰り下がりのひき算は、自分が書いた数字から数を引く必要があるため、書いた文字を読み違える可能性は非常に高いです。ぜひ、最初に身につけておきましょう。

[繰り上がりがりのあるたし算と繰り下がりのひき算]

◎繰り上がりの「1」はどこに書くか

```
  675
+435
```
の計算では——

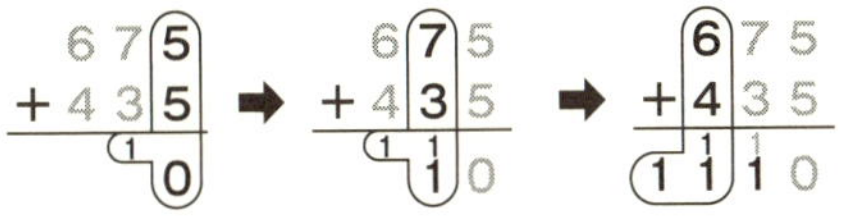

◎繰り下がりはどう書くか

```
 1051
−  894
```
の計算では——

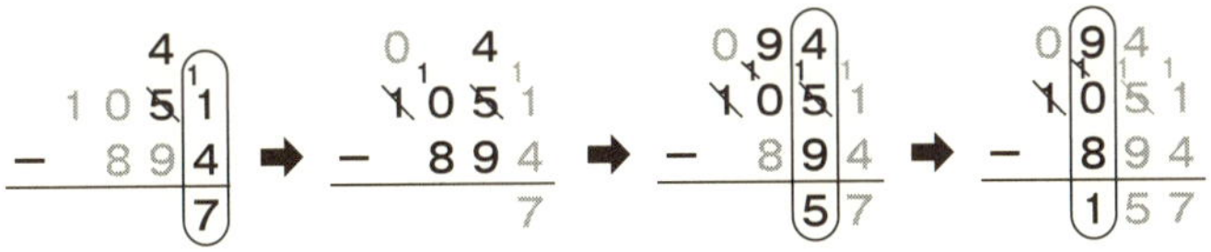

算数の単元は“積み上げ式”

算数の教科書を一度ていねいに読んでみてください。本当は「今後どう進んでいくのか」を知るために、1年生の段階で高学年の教科書まで目を通しておくほうがいいのですが、参考までに、東京書籍の「新しい算数」の教科書の単元を表にします。

■各単元は6年間でこう進んでいく

◎基本の計算	
[1年上]	たし算とひき算　例）$5 + 3$　$10 - 3$
[1年上]	3つの数の計算　例）$9 + 1 + 3$
[1年下]	たし算とひき算　例）$6 + 9$　$17 - 9$
[2年上]	たし算とひき算の　筆算 例）$\begin{array}{r} 17 \\ +\ 24 \\ \hline \end{array}$　$\begin{array}{r} 45 \\ -\ 18 \\ \hline \end{array}$
[2年上]	計算のくふう
[2年上]	たし算とひき算の筆算 例）$\begin{array}{r} 46 \\ +\ 57 \\ \hline \end{array}$　$\begin{array}{r} 108 \\ -\ \ \ 9 \\ \hline \end{array}$
[2年下]	たし算とひき算（図を使って考えよう）
[3年上]	たし算とひき算の筆算（大きい数の計算を考えよう） 例）$\begin{array}{r} 365 \\ +\ 472 \\ \hline \end{array}$　$\begin{array}{r} 315 \\ -\ 194 \\ \hline \end{array}$
[3年上]	暗算（計算のしかたをくふうしよう）
[3年下]	小数のたし算とひき算 例）$0.8 + 0.2$　$1.5 - 0.7$　$6.2 - 3.6$
[3年下]	分数のたし算とひき算 例）$\frac{4}{5} - \frac{1}{5}$　$1 - \frac{3}{4}$
[4年]	□を使った式（□を使って場面を式に表そう）
[4年下]	小数のたし算とひき算（考え方） 例）$1.75 + 2.65$　$2.43 - 2.4$　$9 - 0.65 - 2.35$
[5年]	分数のたし算とひき算 例）$\frac{1}{5} - \frac{1}{2}$　$1\frac{7}{10} - \frac{1}{6}$　$\frac{7}{8} - \frac{1}{5} + \frac{1}{2}$

◎かけ算とわり算	
［2年下］ ［2年下］	かけ算（1）九九　　５の段、３の段、３の段、４の段 かけ算（2）九九　　６～９の段、１の段
［3年上］ ［3年上］ ［3年上］ ［3年上］ ［3年下］	かけ算　九九を見なおそう 例）7 × 4 ＝ 4 × 7、7 × 3 ＋ 7 ＝ 7 × 4 ＝ 7 × 5 − 7　　12 × 4 の求めかた かけ算の筆算（1） 例）$\begin{array}{r}23\\ \times\ 3\\ \hline\end{array}$　$\begin{array}{r}58\\ \times\ 3\\ \hline\end{array}$　$\begin{array}{r}312\\ \times\ 3\\ \hline\end{array}$　$\begin{array}{r}937\\ \times\ 4\\ \hline\end{array}$　29 × 10 あまりのあるわり算　　例）14 ÷ 3　　75 ÷ 8 大きい数のわり算　　例）69 ÷ 3 かけ算の筆算（2）　　例）58 × 46　　587 × 34
［4年上］ ［4年上］ ［4年下］ ［4年下］	わり算の筆算（1）　わる数が１けた 例）120 ÷ 4　　3000 ÷ 5　　72 ÷ 3　　754 ÷ 5 わり算の筆算（2）　わる数が２けた 例）87 ÷ 25　　345 ÷ 21　　960 ÷ 16 852 ÷ 243 小数のかけ算とわり算 例）3.6 × 7　　0.8 × 4　　1.36 × 7　　0.336 × 625 9.48 ÷ 4　　0.972 ÷ 324 分数のたし算とひき算 例）$1\frac{3}{5} + 2\frac{1}{5}$　　$2\frac{4}{7} - \frac{5}{7}$
［5年上］ ［5年上］ ［5年上］ ［5年下］	小数のかけ算 例）17.6 × 54　　2.14 × 3.8　　0.18 × 3.4 小数のわり算 例）7.56 ÷ 6.3　　8 ÷ 2.5　　6.12 ÷ 0.18 8 ÷ 0.002 わり算と小数、分数の関係、分数と小数、整数の関係 例）$\frac{8}{19} = 8 \div 19$　　$\frac{3}{5} = 0.6$　　$0.3 = \frac{3}{10}$　　6.12 ÷ 0.18 分数のかけ算とわり算 例）$\frac{5}{18} \times 3$　　$\frac{12}{11} \div 8$

[6年] [6年]	分数のかけ算 例）$3 \times \frac{2}{7}$　$\frac{8}{5} \times \frac{5}{2}$　$\frac{3}{4} \times 5 + \frac{3}{4} \times 7$ 分数のわり算 例）$\frac{2}{3} \div 3\frac{1}{5} = \frac{2}{3} \div \frac{16}{5}$　$\frac{3}{4} \div \frac{6}{5} \times \frac{1}{5}$

◎小数と整数	
[1年下]	大きい数
[2年上] [2年下]	3けたの数　例）300 + 700 = 1000　20 + 90>102 4けたの数　例）1000 − 300 = 700　6279>6273
[3年上] [3年下]	大きい数のしくみ（10000より大きい数を調べよう） 十万、百万、千万、47000 = 40000 + 7000 小数（はしたの大きさの表し方を考えよう）
[4年] [4年] [4年] [4年下]	大きい数のしくみ（1億より大きい数を調べよう） 小数のしくみ がい数の表し方（およその数の表し方を考えよう） 小数のかけ算とわり算
[5年上] [5年上] [5年上]	整数と小数（数のしくみを調べよう） 小数のかけ算（小数のかけ算を考えよう） 小数のわり算（小数のわり算を考えよう）

◎分数	
[2年下]	分数（分けた大きさの表し方をしらべよう）
[3年下]	分数（はしたの大きさの表し方をしらべよう）
[4年下]	分数（分数をくわしくしらべよう）

[5年上]	偶数と奇数、倍数と約数（整数の性質を調べよう）
[5年上]	分数と小数、整数の関係
[5年上]	分数の足し算と引き算（分数をもっとくわしく調べよう）
[5年下]	分数のかけ算とわり算
[6年]	分数のかけ算（分数のかけ算を考えよう）
[6年]	分数のわり算（分数のわり算を考えよう）

これを見ればすぐおわかりいただけるように、算数というのは少しずつ積み重ねていく科目です。たとえばひき算ひとつとっても、１回習ったら終わりというものではありません。最初は「数」の概念を教え、「一桁の数から一桁の数をひく」「10以上の数から一桁の数をひく」「筆算を覚える」「繰り下がりのあるひき算を筆算する」「20以上の数について学ぶ」「100、1000などを学ぶ」。そして、ひき算は「わり算」の筆算でも応用されるようになり、やがて小数のひき算、分数のひき算、分数のひき算をするための通分と、積み重なっていくのです。難しくなっていくというのは、単に数と桁が大きくなっていくということではないのです。

桁数の多いわり算で計算間違いが多くなる原因は、ずっと以前に学んだ「繰り下がりのあるひき算の筆算」がきちんとできていなかったせいだった、ということがよくあります。

ですから、中学年、高学年になって苦手単元が出てきた場合は、どこでつまずいているのかをていねいに見極めて、つまずいた部分の「土台」に戻って復習することがとても大事です。
２年生の後半でつまずいているのに、４年生の問題をいくらたくさんやっても本質的な理解にはつながりません。そこを乗り切ったように見えても、同じ単元が６年生で出てきたとき手も足も出なくなってしまいます。

つまずきの芽はできるだけ早く気づき、早めに摘んでしまうのが一番です。

東京書籍の教科書の場合は、目次を見るとひとつの単元がどこから発展して、次はどこにつながるのかわかるようになっているので、ある単元につまずいたらこれを手がかり引き返して復習するのも手です。教科書準拠の参考書を買う場合は、少し上の学年まで最初に買っておき、「今やっていることが、やがてどこにつながるのか」を理解しておいたほうがいいでしょう。ただ、早くからその問題を子供にやらせる必要はありません。

小学校１～３年までは、親が十分に算数の学習をフォローできます。その際の手がかりとして、「今ここで何を理解しておけばいいのか」を、お母さん自身がザッとでもつかんでおきましょう。

ひとつの単元から「つまずきの連鎖」が起こる

低学年の算数でも、つまずきやすい部分はほかにもあちこちにあります。

・桁数の多いわり算
・時刻と時間の問題
・単位

このあたりが低学年のポイントになるでしょう。

単位で混乱する子もたくさんいます。ミリ、メートル、キロメートル、面積の平方センチメートルから平方キロメートル、ヘクタール、容積・体積のミリリットル、デシリットル、リットル、立方センチメートル、立方メートル……などなど。

最初に登場するのは「１cm＝10mm」という単純なものですが、ここで単に「cmをmmにするには、０をひとつつければいい」というだけの理解では不十分。すぐに「4cm3mmのリボンと１cm8mmのリボンをつないだ長さは」といった、繰り上がりのある単位計算のような形の問題が出てきます。つまり「３mmと8mmで11mm、11mmは１cm1mm」という十進法の繰り上がりがきちんと理解できていないと、ここから先に進めなくなってしまいます。

６年生になっても「１kmと50mを足すと何mですか？」という問題で混乱してしまう子もいるので、「単位」は要注意。「速さ、時間、距離」の問題になって対応できるよう、時刻と時間の問題も最初にしっかり理解させましょう。

お母さんは“生徒役”になる

算数の教科書は説明が非常にていねいで、さりげなく「コラム」や「イラスト」のような形で高度な問題の基礎になる考え方が紹介されています。先生の力量次第ではありますが、基礎を固めるための方法が大変よく考えられています。ただ、教科書は問題をたくさんやらせるのではなく、「どうやって解くのか」「なぜそういう解き方をするのか」「ほかの解き方はないか」といったことを重視するので、練習問題の数が非常に少ない。教科書に出ている計算問題に宿題を加えても、すらすら間違えずにできるようになるにはまったく分量が足りません。

教科書の内容、算数の授業が十分に理解できていて、宿題もきちんとできているようであれば、低学年からでも教科書準拠の問題集を購入して、授業の進度に合わせて自宅で取り組むのはとてもいいことです。逆に、教科書の例題などが十分理解できていないときに問題数を多くやらせても意味はありません。

ここまで繰り返してきた通り、子供が納得して理解しているかを確かめるには、お子さん自身に説明してもらうのが一番です。ただし、お母さんは途中で叱ったり、「そうじゃないでしょ」「こうでしょ！」と自分で説明を始めたりせず、たどたどしい説明でも根気よくゆっくり聞いてあげてください。

あきらかに理解できていないようだったら、「お母さんと一緒に、もう一度やってみよう」と、お子さんと共に取り組んでください。

3年生までにしてはいけないこと

低学年の算数でお母さんに気をつけてもらいたいのは、大量の計算問題をやらせようとしないこと。子供がイヤがっているときにやらせても、まったく意味がありません。子供のそういう状態は、字を見ればだいたいわかります。ある程度ていねいに書いている分量、レベルを維持するようにしましょう。

計算練習の間違いは、多くても「20問に１問」程度でなければなりません。それ以上ある場合は、やる気がなくて雑になっているか、本当に計算がよくわかっていないかのどちらかです。計算が10問に１問ペースで間違っているようだったら、根本的にわかっていない場合が多いです。その部分を見極める必要があります。

学校のテストについては、点数を見るより間違っているところをよく見て、設問をきちんと読んでいるかどうかをチェックしてください。

学校の宿題でもテストでも、ミスだらけでも誰より早く終わらせることに一生懸命になりすぎるケースがあります。ゆっくり落ち着いて、ていねいに字を書く。自分の書いた数字を元に計算する。あとで書いた式や図を見直して、どこで間違えたのかを必ず確認する。こうしたことを、けっして雑にさせないようにしましょう。

「早くやりなさい」「終わったらゲームをしてもいい」と言いたくなるのはよくわかりますが、勉強は終わらせることより、どういうやり方をしたかが何より大切なのです。

おわりに

子供にとっても親にとっても、中学受験は過酷な体験です。どんなに努力しても、合格するか不合格かは終わってみなければわかりません。しかも、志望校に入れたからといって、それからの人生で成功が約束されたわけでもないのです。

しかし、私が長い間多くの中学受験に挑んだ親子を見てきて、次のことだけは確実に言えます。中学受験は子供にとっても親にとっても、結果にかかわらず、かけがえのない宝物になるということです。

もちろん指導する側としても、なんとかして全員を合格させてあげたい。よろこぶ顔が見たい。でも、全員が合格することはできません。合格できても第一志望ではなかったという子も多いのです。

長い受験期間を振り返れば、親子ゲンカがあり、ときには夫婦ゲンカまであり、偏差値や判定に一喜一憂したこともあったかもしれません。それでも、この時期を一丸となって乗り切った家族の絆は何ものにも代えがたいものがあります。

子供にとっても「あれだけがんばることができた」という自信は、のちの高校受験、大学受験に確実につながり、特に算数の勉強で培った力は社会に出てからの大きな糧になります。

「今わかっていることから、次に何が求められそうか」とか、「答えが出るためには、何がわかればいいのか」という、算数の問題を解くために自然に身につけた思考方法は、社会に出てからより大切になってきます。

多くの大企業の入社試験に使われるSPIに算数の問題が入っていることからも、このことはご理解いただけると思います。

最後にもう一度、中学受験というのは「かわいそう」なものでもなければ、「あとで楽するために我慢してやるもの」でもありません。第一志望の中学に入ることが目の前の目標ですが、それが最終目的ではないのです。

目の前の目標に向かって努力を続ける過程で、たくさんのことを学ぶのが一番大切な目標です。多くの知識はもちろんのこと、自分の気持ちをコントロールすること、家族とのコミュニケーションのとり方など、実に多種多様なことを学ぶことができます。特に、中学受験の算数は論理的な思考を鍛えてくれます。

けっして、「いい大学」「いい会社」「いい収入」のためにがまんする時間ではありません。それをお母さん、お父さん自身がけっして忘れないでほしいのです。

この本が、少しでもみなさんの参考になりますように！

付録

■解き方がこんなに違う！「数学」と「算数」

ここまで解説してきたとおり、「数学」と「算数」では同じ答えに行き着くまでのプロセスがまったく異なります。公式という道具を使って効率的に解答を出す数学に対して、算数は柔軟な思考と発想を武器に答えを導き出します。

ここからは、ひとつの問題を数学で解く方法、算数で解く方法を併記していきます。お母さん、お父さんもチャレンジしてみて、「算数」の奥深さを感じてください。

問題①

$$1+3+5+7+\cdots\cdots+99=\square$$

〔数学で解くと〕

（公式）

{（初項）＋（末項）}×（項数）× $\frac{1}{2}$ に代入

$(1+99)\times 50\times \frac{1}{2} = \underline{2500}$

↑（99は50番目）

〔算数で解くと〕

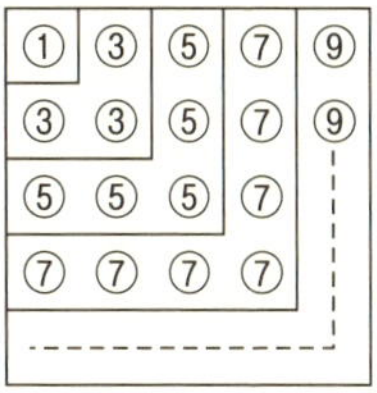

たとえば、

4番目の奇数である7までを書くと、一辺4の正方形、5番目の奇数である9までを書くと、一辺5の正方形ができる。

50番目の奇数である99までを書くと、1辺50の正方形ができる。

$50\times 50 = \underline{2500}$

問題②

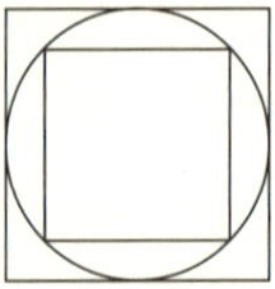

内側の正方形の面積は、外側の正方形の面積の何倍？

〔数学で解くと〕

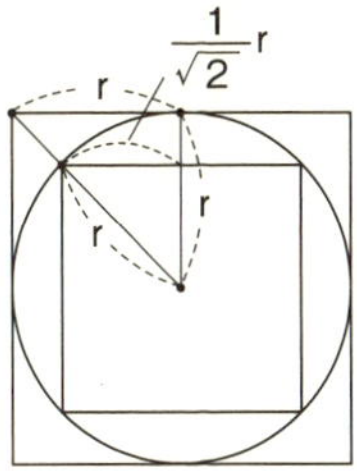

左の図より

内側の正方形の一辺は

$$\frac{1}{\sqrt{2}}r \times 2 = \sqrt{2}\,r$$

外側の正方形の一辺は

$$2\,r$$

$$\frac{(\text{内の正方形の面積})}{(\text{外の正方形の面積})} = \frac{(\sqrt{2}\,r)^2}{(2\,r)^2} = \frac{2\,r^2}{4\,r^2} = \underline{\frac{1}{2}}$$

〔算数で解くと〕

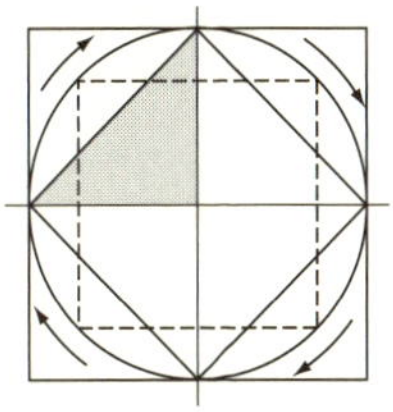

内側の正方形を45°回転させると、

内側の正方形には

 が4つ

外側の正方形には

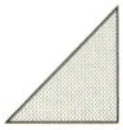 が8つ

$$\frac{4}{8} = \underline{\frac{1}{2}}$$

問題③

$\frac{3}{5} = \frac{1}{\square} + \frac{1}{\bigcirc}$（□と○は異なる整数）となる□と○を求めなさい。

〔数学で解くと〕

$\frac{3}{5}=\frac{1}{a}+\frac{1}{b}$ (a, bは整数)とおく

$\frac{3}{5}=\frac{a+b}{ab}$

$\therefore 5(a+b)=3ab$

これをaについてまとめると

$a=\frac{5b}{3b-5}$

aが整数であることから右辺の分母は5の倍数

つまり3b－5が5の倍数より、bは5の倍数となる

$b=5,\ \boxed{10}$ … と代入すると

$a=\frac{5}{3},\ \boxed{2}$ … となり

$a=2,\ b=10$

〔算数で解くと〕

$\frac{3}{5}=3\div 5$より、

3個のピザを5人に分けると考える

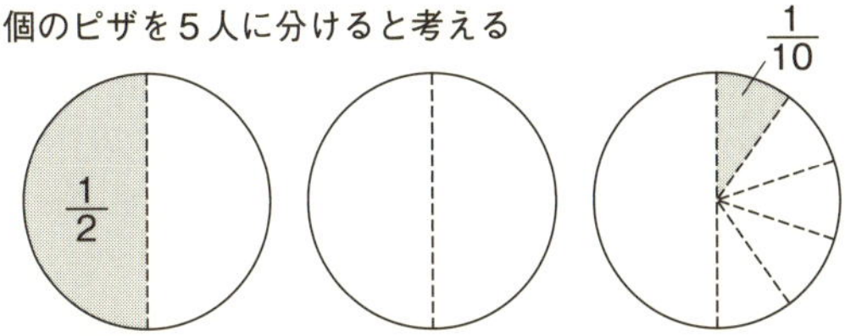

これをそれぞれ二等分すると、6片できる

これを5人に1片ずつ分けると、1片（$\frac{1}{2}$のピザ）が残る

これをまた5人に分ける

$$\frac{3}{5}=\frac{1}{\boxed{2}}+\frac{1}{\textcircled{10}}$$

問題④

(1) $1999 \times 1999 - 1998 \times 2000 = \square$

(2) $2000 \times 2000 - 1999 \times 1999 = \square$

〔数学で解くと〕

(1) 1999 ＝ n とおく

$$
\begin{aligned}
\text{与式} &= n^2-(n-1)(n+1)\\
&= n^2-(n^2-1)\\
&= n^2-n^2+1\\
&= \underline{1}
\end{aligned}
$$

(2) 2000 ＝ n とおく

$$
\begin{aligned}
\text{与式} &= n^2-(n-1)^2\\
&= n^2-(n^2-2n+1)\\
&= 2n-1
\end{aligned}
$$

$$\therefore 2 \times 2000-1=\underline{3999}$$

〔算数で解くと〕

(1)

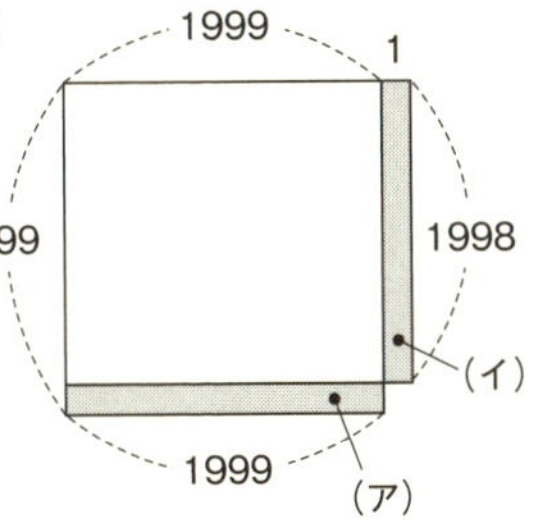

正方形からたてが1短く、よこが1長い長方形を引くことになる。

2つの図形に共通な白いたて1998よこ1999の長方形を取り除くと、(ア)－(イ) を引くことと同じになる。

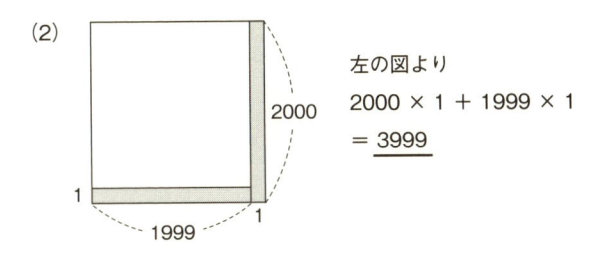

$$1999-1998=\underline{1}$$

(2)

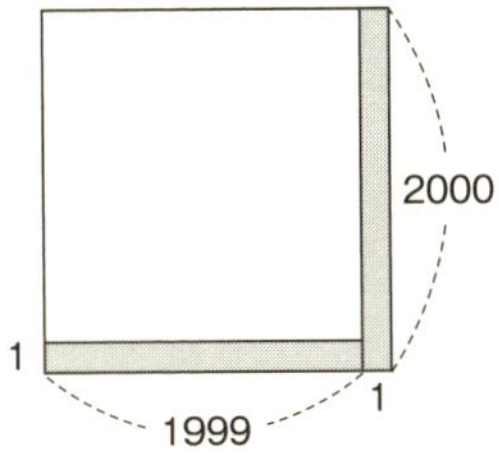

左の図より

$$2000 \times 1+1999 \times 1$$

$$=\underline{3999}$$

問題⑤

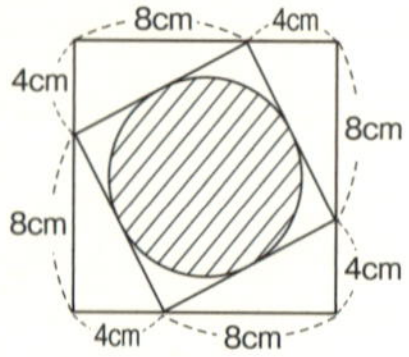

左の斜線の円の面積を求めましょう。

〔数学で解くと〕

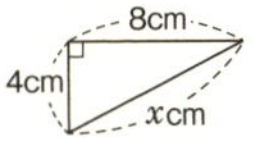

三平方の定理より

$x = \sqrt{4^2 + 8^2}$

$= 4\sqrt{5}$

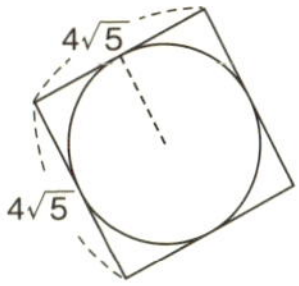

円の半径は $2\sqrt{5}$

円の面積は

$(2\sqrt{5})^2\pi$

$= \underline{20\pi}$

(20×3.14)

〔算数で解くと〕

円の面積の公式

（半径）×（半径）× 3.14とは、

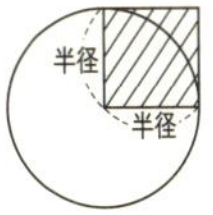

左の正方形の3.14倍

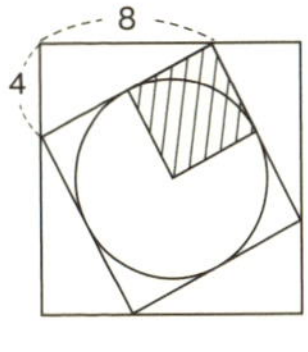

中の大きな正方形の面積は

$12 \times 12 - \frac{8 \times 4}{2} \times 4 = 80$

中の斜線の小さな正方形は

$80 \div 4 = 20$

円の面積は $\underline{20 \times 3.14}$

問題⑥

12%の食塩水を何ｇかと８％の食塩水を何ｇか混ぜたら９％の食塩水が800ｇできました。12%の食塩水は何ｇ使ったのでしょう。

〔数学で解くと〕

12%の食塩水をx(g)

8%の食塩水をy(g)使ったとする

$$\begin{cases} x + y = 800 \\ \dfrac{12}{100}x + \dfrac{8}{100}y = \dfrac{9}{100} \times 800 \end{cases}$$

この連立方程式を解いて

$x = 200$

$y = 600$

12%の食塩水は200g

〔算数で解くと〕

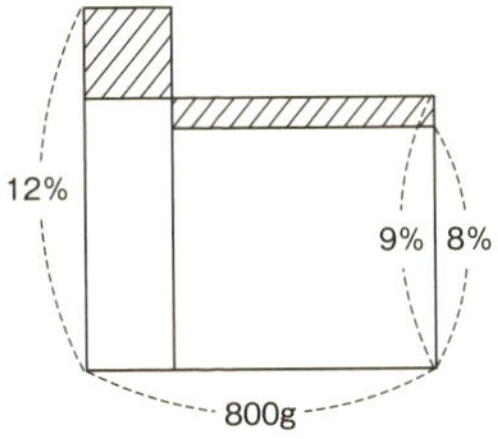

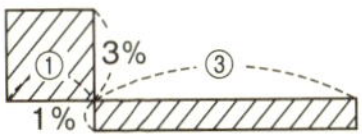

2つの斜線の面積が同じ。

たての比が3：1のため

よこの比は1：3になる

①＋③＝④が 800g

①は 200g

問題⑦

10%で200gの食塩水に食塩を混ぜたら25%になりました。
混ぜた食塩は何gでしょう。

〔数学で解くと〕

加えた食塩をx(g)とする

食塩水 … $200 + x$(g)

食塩　 … $200 \times 0.1 + x = 20 + x$(g)

$$\frac{25}{100}(200 + x) = 20 + x$$

これを解いて $x = \underline{40(\mathrm{g})}$

〔算数で解くと〕

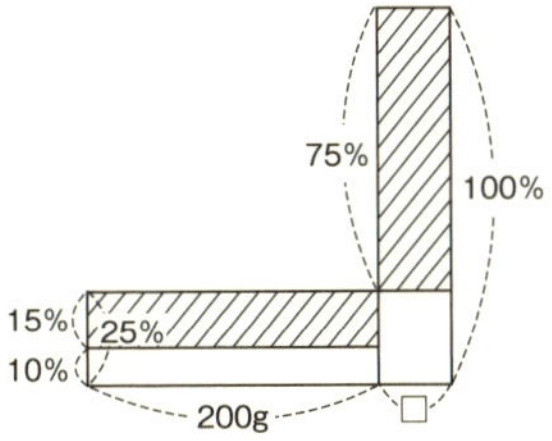

食塩を100%の食塩水と考えます。

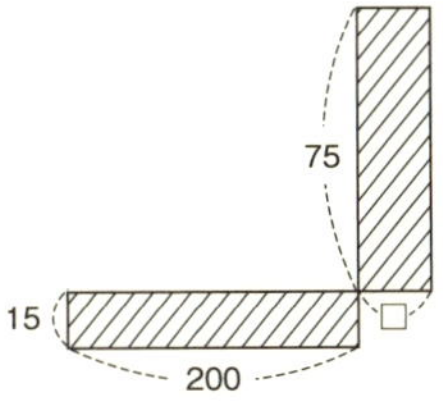

２つの斜線の長方形の面積は同じ

左の長方形は15×200

右の長方形は$75 \times □$

$$□ = \frac{15 \times 200}{75} = \underline{40(\mathrm{g})}$$

問題⑧

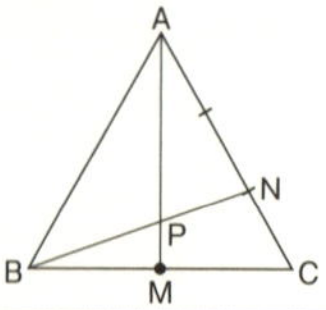

辺BCの中点をM、辺ACを2：1に分ける点をNとします。
線分AMとBNの交点をPとしたとき、BP：PNの比はいくらでしょう。

〔数学で解くと〕

(中学生は)

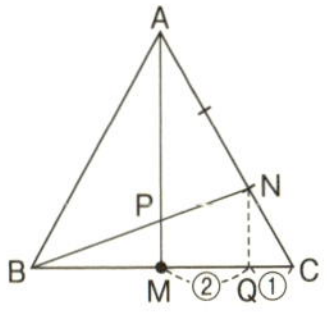

Nを通りAMに平行な直線が辺BCと交わる点をQとする。

MQ：QC ＝ AN：NC ＝ 2：1

またMはBCの中点なので

BM：MQ ＝ 3：2

ゆえにBP：PN ＝ <u>3：2</u>

(高校生は)

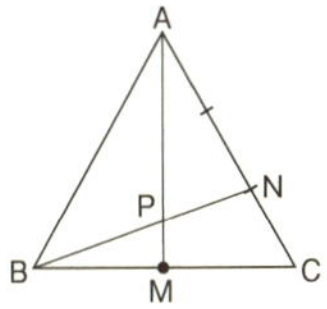

メネラウスの定理より

$$\frac{PN}{BP} \times \frac{AC}{NA} \times \frac{MB}{CM} = 1$$ となる

$$\frac{PN}{BP} \times \frac{3}{2} \times \frac{1}{1} = 1$$ より

$$\frac{PN}{BP} = \frac{2}{3}$$

∴BP：PN ＝ <u>3：2</u>

〔算数で解くと〕

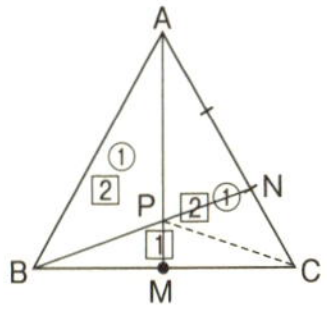

△ABPと△ACPの面積比は、BM：MCと同じで

1：1 (＝2：2)

△ABP：△BCPの面積比はAN：NCと同じで

2：1

BP：PNは、凹四角形ABCPと△APCの面積比と同じ

[2] ＋ [1]：[2] ＝ <u>3：2</u>

問題⑨

ツルとカメが合わせて30います。足の本数の合計は68本です。ツルは何羽でしょう。

〔数学で解くと〕

ツルを x 羽、カメを y 匹とする。

$$\begin{cases} x + y = 30 \\ 2x + 4y = 68 \end{cases}$$

この連立方程式を解いて

$x = 26$

$y = 4$

26羽

〔算数で解くと〕

（小学4年生）

答は、必ず整数ですから、

ツル	30	29	28	27	26
カメ	0	1	2	3	4
足	60	62	64	66	68

26羽

（小学5・6年生）

① もし、30全部がカメなら

4 × 30 ＝ 120本の足

カメが１匹逃げて、そのかわりにツルが１羽やってくるごとに

4 － 2 ＝ 2 本ずつ足の数は減る。

足の本数が68本になるまで、カメとツルを交換していくと、

（120 － 68） ÷ （4 － 2）＝ 26

つまり、カメ26匹を逃がし、そのかわりにツルを26羽つれてくれば良い。

26羽

②
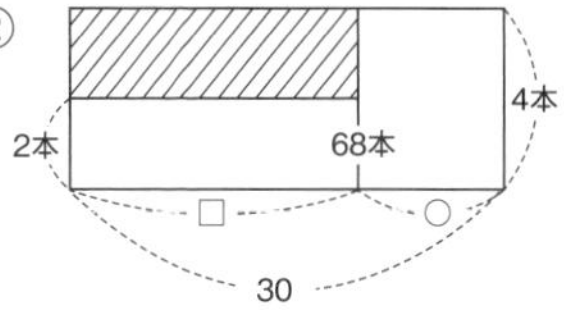

4 × 30 － 68 ＝ 52

（上の斜線の長方形の面積）

52 ÷（4 － 2）＝ 26 … □の数

26羽

■算数クイズ

問題①

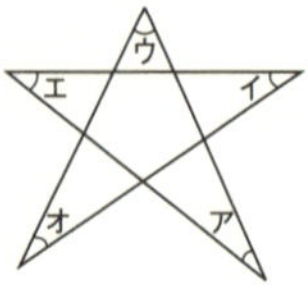

アイウエオの角度を全部合わせると何度？

〔答え〕

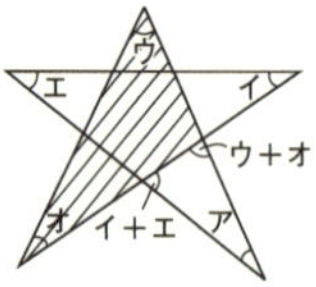

ア・イ・ウ・エ・オの角が右下の三角形の３つの角に集まるので180°

応用問題

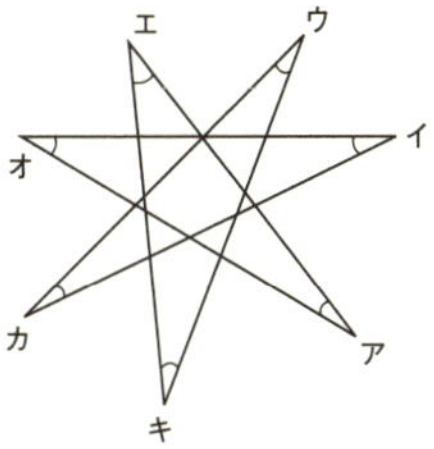

ア・イ・ウ・エ・オ・カ・キの7つの角を合わせると何度？

（ヒント）

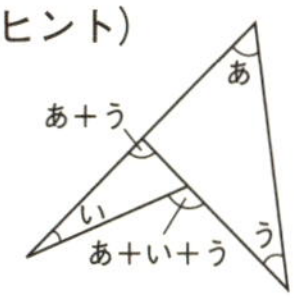

〔答え〕

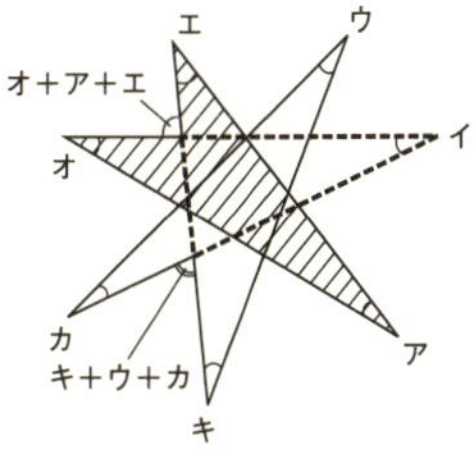

ア～キの７つの角が  の３つの角に集まるので180°

問題②

１番から30番まで、番号の書いてあるロッカーが30個あります。
また、生徒番号１番から30番までの30人の生徒がいます。
まず、生徒番号１番の生徒が全部のロッカーの扉を開けました。次に生徒番号２番の生徒は、２の倍数のロッカーの扉を閉めました。次に生徒番号３番の生徒は、３の倍数のロッカーの扉を開いていれば閉め、閉まっていれば開けました。生徒番号４番の生徒は、４の倍数のロッカーの扉を開いていれば閉め、閉まっていれば開けていきました。このように30人が全員ロッカーの扉を開けたり閉めたりした後で、開いているロッカーは何個でしょう。

〔答え〕

ロッカー番号の数字の約数が、そのロッカーを開けたり閉めたりする人の生徒番号です。生徒番号の人が開けたり閉めたりします。
例えば、12番のロッカーは、1・2・3・4・6・12番の生徒が開けたり閉めたりします。
ロッカーが最後に開いているためには、開閉の回数が1回、3回、5回…というように奇数回です。
ロッカー番号の数字の約数の個数が奇数個ならば、開いていることになります。
約数の個数が奇数個になる整数は、(整数)^{2}です。

$1^2 = 1$　　$2^2 = 4$　　$3^2 = 9$　　$4^2 = 16$　　$5^2 = 25$

　となって5個

問題③

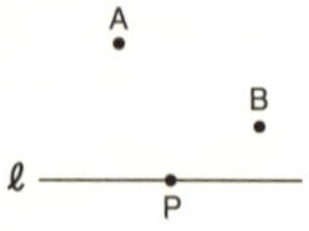

左の図のように点A・Bと、直線ℓ上を動ける点Pがあります。
線分APと線分BPの長さの和が最短となるときの点Pは、どこでしょう。

〔答え〕

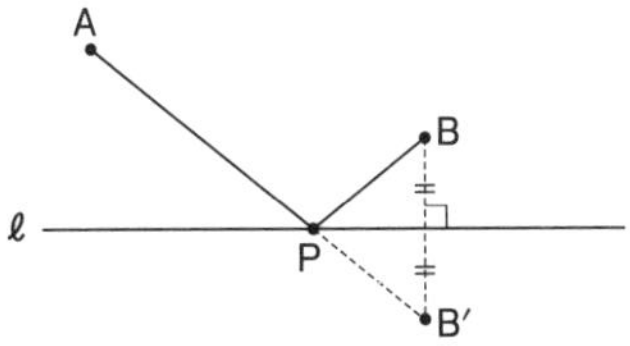

点Bの直線ℓに対しての対称点をB′とする。
直線ℓと直線AB′の交点をPとすればよい。

（理由）

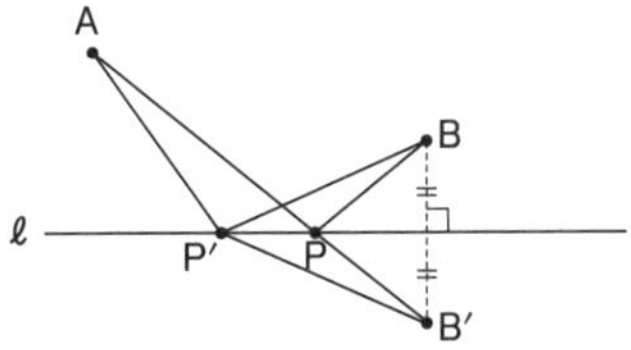

点Pが直線ℓと直線AB′の交点のとき、
AP＋PB′＝AP＋PBがもっとも短くなります。
△PB′Bは、PB＝PB′の二等辺三角形となる。
　AP ＋ PB ＝ AP ＋ PB′ ＝ AB′
ℓ上の点P以外の点をP′とすると
△P′B′BもP′B ＝ P′B′の二等辺三角形。
　AP′ ＋P′B ＝ AP′ ＋ P′B′
△AP′B′において
　AP′ ＋ P′B ＞ AB′
（折れ線は、直線よりも長い）

問題④

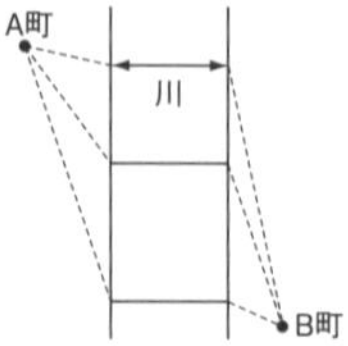

A町とB町の間に図のように川があります。この川に垂直に細い橋をかけます。A町からB町までの距離が最短になる場所に橋をかけたいと思います。どこに橋をかければいいでしょうか。

〔答え〕

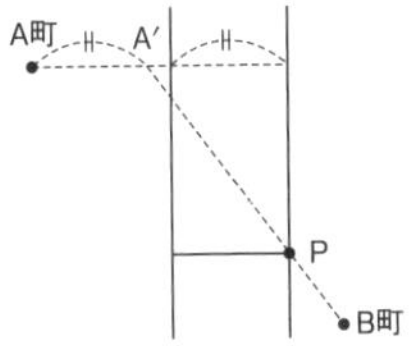

左の図のように、A町から川の幅だけ川に近づいたところをA′として、A′とB町を結んだ線が、川の右岸と交わるところをPとして、そこに橋をかければいい。

（理由）

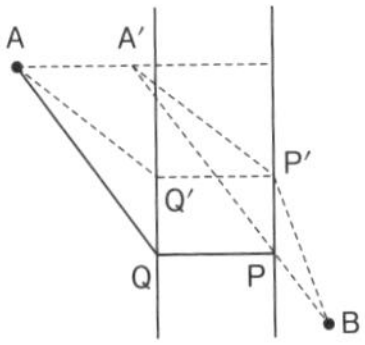

左の図のようにAA′は川の幅だから、PQと同じ長さ。
四角形AQPA′は平行四辺形となる。
$AQ + PB = A'P + PB = A'B$の直線になり、このとき$AQ + PB$がもっとも短くなります。
P以外のP′にP′Q′の橋をかけると、
$AQ' + P'B = A'P' + P'B$
$\triangle A'BP'$において
$A'P' + P'B > A'B$
（折れ線は、直線より長い）

問題⑤

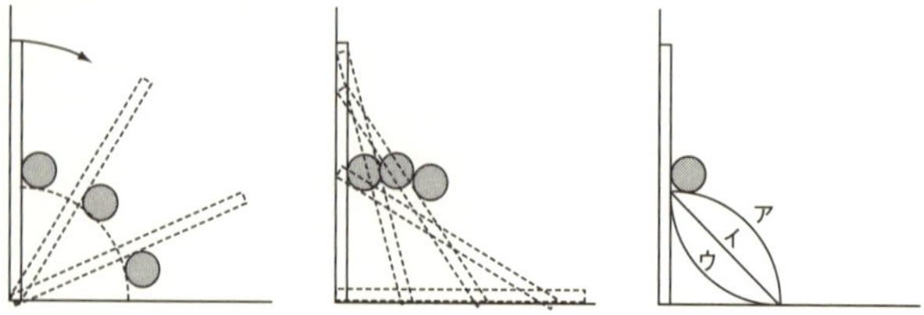

〔1〕　〔2〕　〔3〕

上の図〔1〕のように、壁に棒が立てかけてあります。その棒の中心に風せんが結びつけられています。
棒のねもとの場所を変えないように棒を倒すと、風せんは〔1〕の点線のように動きます。
さて、上の図〔2〕のように、棒の根本をひきずって倒すと、中心の風せんは、図〔3〕のア・イ・ウのどの線上を動くでしょうか。

〔答え〕 ア

（理由）

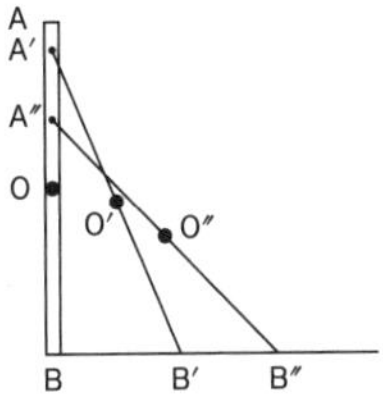

$\triangle A'BB'$も$\triangle A''BB''$も直角三角形であり、斜辺の長さは等しい。

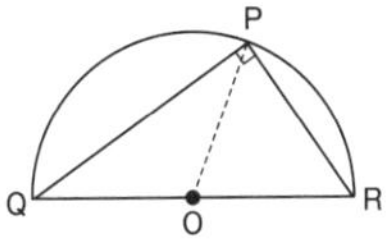

直角三角形は、斜辺を直径とする円に内接するので、
$OP = OQ = OR$

$\triangle A'BB'$において、$O'B = O'A' = O'B'$
$\triangle A''BB''$において、$O''B = O''A'' = O''B''$
しかも、$O'A' = O''A''$だから、
$O'B = O''B$
点Bからの距離が同じ点の軌跡だから弧になります。

問題⑥

太郎君は、午前８時にＡ町を出発して午前９時にＢ町に着きました。花子さんは、午前８時10分にＢ町を出発して、午前８時50分にＡ町に着きました。Ａ町とＢ町は５km離れています。
太郎君と花子さんがすれちがったところはＡ町から何kmですか。

〔答え〕　A町とB町のまん中
2.5km

(理由)

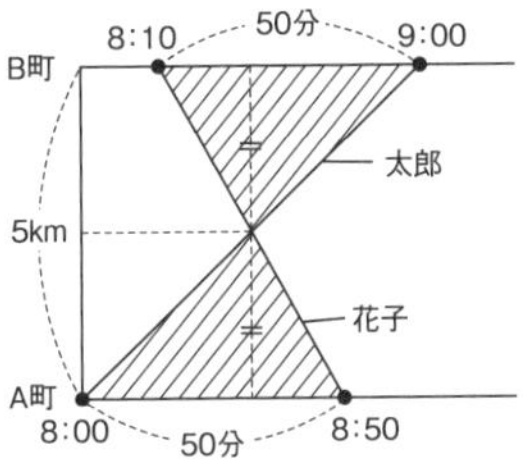

左のダイヤグラム中の２つの三角形は合同。高さも同じになります。
ですから、まん中ですれちがいます。

著者紹介

西村則康（にしむら のりやす） 30年以上、難関中学・高校受験指導一筋のカリスマ家庭教師。日本初の「塾ソムリエ」としても活躍中。これまで開成中、麻布中、武蔵中、桜蔭中、女子学院中、雙葉中、灘中、洛南高附属中、東大寺学園中などの最難関校に2,500人以上を合格させてきた実績を持つ。テレビや教育雑誌、新聞でも積極的に情報発信を行っており、保護者の悩みに誠実に回答する姿勢から熱い支持を集めている。また、中学受験情報サイト『かしこい塾の使い方』は16万人のお母さんが参考にしている。

中学受験《ちゅうがくじゅけん》は算数《さんすう》で決《き》まる!

2016年2月5日　第1刷

著　　者　西《にし》村《むら》則《のり》康《やす》
発 行 者　小澤源太郎

責任編集　株式会社 プライム涌光
電話　編集部　03(3203)2850

発 行 所　株式会社 青春出版社
東京都新宿区若松町12番1号 〒162-0056
振替番号　00190-7-98602
電話　営業部　03(3207)1916

印　刷　共同印刷　　製　本　大口製本

万一、落丁、乱丁がありました節は、お取りかえします。
ISBN978-4-413-03985-7 C0037